從苦瓜
熬成哈密瓜

歡迎收聽紫砂歐娜　　　　　歐娜＠著

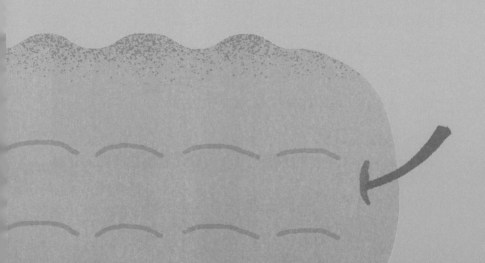

嗨，我是歐娜。過去是電視節目裡負責撰寫腳本的爆肝企劃，現在是一位憑著錄 Podcast 節目、接業配、開團購維生的迷你網紅。以前我專門把通告藝人的故事寫得有趣，讓他在節目裡更有效果，被觀眾記得。現在則寫著各式各樣的文案，幫品牌推薦商品，無論食物、保養品、生活用品，沒有什麼是我不會寫、我賣不出去的，一檔創下百萬業績從來不是問題！

沒想到介紹起自己的書，竟是如此尷尬，尷尬到我原本不打算寫序，只想讓一切趕快進入正題，呼籲大家直接去看故事，咱們就不多聊了。難道我是文壇的懶豬豬嗎？這可不行，現在就讓我快速地為這本書開啟序幕。

無論你是對電視圈幕後產業有興趣，年近三十還想轉行，想做 Podcast 無從下手，母胎單身到以為全世界沒人愛自己，或是渴望減重四十公斤以上的朋友，這本書都非常適合您！因為以上全是我發生的事，我把人生所有重要的經歷、回憶都留在這了。以前我用講的，把生活點滴錄在 Podcast 中，現在我用寫的，讓更多細節呈現在這本書裡。無論您透過哪個管道認識我，謝謝您願意聽我說故事。

現在麻煩找張舒服的椅子，坐下來欣賞我平凡又豐富的人生吧！若您是個情緒豐沛的愛哭鬼，別忘了準備包衛生紙，我可是有安排一些催淚橋段的，畢竟我是個很注重節目效果的人。那如果您是正站在書店，隨意翻閱此書，想說「這人到底是哪位？」、「為什麼這些名人要幫她推薦？」的朋友，請您立刻去結帳，這本書不貴的！一本書一世情，有我一輩子的感謝。

　　歡迎收聽【紫砂歐娜】，故事要開始囉！

歐娜

目次 *Contents*

 成為 Podcaster

四 您好，我是紫砂歐娜

一

在《康熙》的日子

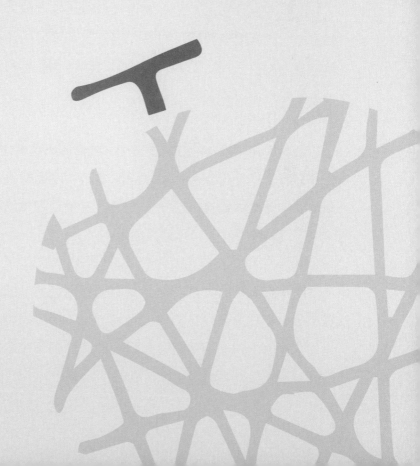

我怎麼成為《康熙來了》幕後？

大四那年，我跟所有畢業生的心情都一樣，一片茫然。別人問畢業後要做什麼工作？我都隨性地說：「上班族啊！」現在想想也真另類，大部分人出社會都算是上班族吧？但當時真的連想去哪間公司都講不出來。

明明在企管系上了四年課程，微積分還重修過，卻完全不知道自己對什麼有興趣。胸無大志的我，覺得以後朝九晚五，薪水拿個兩、三萬，就可以了。卻同時有著身為家裡長女的壓力，總覺得再不找工作，會被弟弟、妹妹看不起，直到畢業前一個月，我才認命地打開人力銀行。

因為太晚開始，打工經驗又少，我的履歷可說是乏人問津，好像只有一個地瓜球攤位發送面試邀請。連媽媽都擔心地想帶我去台中就業博覽會，想到一畢業就沒零用錢拿的我，畢業前幾週，真的壓力好大，難道只能走一步算一步了嗎？

有一天滑著人力銀行，看到影視相關產業，電視節目《康熙來了》正在徵節目企劃。當年有一集「節目通告甘苦談」的主題，來賓 Fiona 講話非常幽默，分享許多幕後故事，讓人印

象深刻。還記得那集看完，周遭好多人都說我跟 Fiona 無論外型、談吐、英文名字都好像。就因為有這個印象，當我看到職缺時，突然覺得這難道是命中注定？跟 Fiona 很像的 Leona，會不會非常適合這個工作？決定試試看的我，把履歷寄了過去。

有趣的是，後來我真的入行了，跟 Fiona 都在同個產業。無數次被藝人、素人認錯，好多人以為我就是她，也有人把她認成我，以為她現在在做 Podcast。我們兩個從來沒共事過，只在攝影棚見過一、兩次，偶爾會在網路上聊聊天。但我好像一直都沒有告訴她，若不是那集《康熙》，就沒有後來我做的種種選擇，我現在應該也不可能有機會在這裡寫書吧！

回到投履歷，當時履歷寄給誰呢？就是我後來的同事、好朋友，《愚樂百昏百》的搭檔劭中。那封履歷寄出後，好幾天都無消無息，我趕緊又補寄一封信，再次跟那時還是陌生人的劭中，表明我真的對《康熙來了》充滿熱情，我不怕辛苦、爆肝，會非常認真地學習！由於我的履歷既不是本科系，剪接相關技能一個都不會，也沒有機車駕照可以到處買道具，當時劭中並沒有想找我去面試，他是收到第二封信，才決定給我一次機會。

因害怕結果不理想，要去面試《康熙》的事，我只敢告訴家人和幾個閨密。畢業的第二天，我帶著破釜沉舟的心情，從

9

台中北上，來到了金星娛樂的辦公室，全身僵硬地坐在會議室。已經夠緊張了，身高一百九十二公分的製作人國強哥走進來時，更是覺得壓力好大，怎麼那麼高啊？充滿壓迫感。

　　由於太渴望這份工作，我收起緊張的情緒，開始分享自己有多愛看節目。從小我就很關注演藝圈八卦，最愛看娛樂新聞，那些看似有點浪費時間的興趣，在面試當下突然都變得很有用。最後國強哥問：「還有什麼想知道的嗎？」我鼓起勇氣：「請問我錄取機會大嗎？」他點點頭：「機會不小。」

　　我想直到現在，還是有人對胖胖的求職者印象不好，會從外表去判斷一個人的工作能力，認為胖子＝懶豬，其實當時也是這樣的。在製作人來面試我之前，就有同事在會議室看到我後，直接跟國強哥預言：「你應該不會用她。」感謝他的預言失敗，讓我在面試的隔天，就收到錄取通知。

　　從一個不知道未來要幹嘛，只面試過一間公司的畢業生，突然成為朋友中最早進入職場的新鮮人。當我得知消息的那一刻，完全壓抑不住亢奮，開始繞著客廳跑步，雀躍地大喊：「我要去《康熙》上班啦！我要去《康熙》上班啦！」還立刻在臉書發文公布這個消息，成為那一年塗鴉牆上最多按讚的文章。朋友留言叫我走幕前，學長覺得我會紅。當時根本沒有想那麼

多，看了節目快十年，我只想近距離看看康永哥和小 S。

　　從小看著《康熙來了》長大的女孩，最後成為這個節目的幕後工作者。聽起來根本是美夢成真！

　　上班一週後，這才知道是一腳踏進地獄。

上班一週就在廁所過夜

電視圈究竟是什麼地獄呢？我想是加班地獄。

當時我一個人住八里，公司位在信義區的台北文創大樓，沒有交通工具的我，只能搭大眾運輸工具上下班，從八里搭公車到關渡站，捷運紅線再轉藍線到市府站，來回車程就要三小時。雖然路途遙遠，夢想卻很近，第一天上班的心情還是非常興奮。

進公司的第一天，其實沒什麼事，通告才剛開始發當週的來賓，企劃們還不需要對稿，非常清閒。我一邊做著簡單的交接，一邊偷偷打字跟朋友們分享踏進《康熙》的心情，就這樣到了晚上十點，都沒人下班。

第一天報到，我不敢貿然行動，左顧右看、十分困惑，不是滿閒的嗎？怎麼沒人回家啊？最後，直到製作人走了後，才看到有同事收拾包包，我趕緊跟進離開，並偷偷打聽到底幾點才能下班。同事們說不出標準，製作公司就是習慣晚下班，很多節目都是等製作人離開，大家才能走。

雖然我的製作人從來沒有立下規定，公司也不用打卡，但這個傳統行之有年，大家都習慣了，同事們還跟我預告錄影前一天，加班到早上是正常的事。

　　我的第一天終於結束，趕上了捷運倒數第二班車。

　　隔天上班，新人只要做一些簡單的雜事，我也早早地弄完了，但這天更不妙，製作人晚上去外面辦事還沒回公司，他沒回來，大家也不敢走。我看著時間已接近晚上十一點，想到家這麼遠，好擔心沒車回家，同事發現我看起來很緊張，一問才知道我都是搭捷運通勤，且捷運即將打烊，其中一位已經做好多年的前輩說：「妳快走啦！我說可以就可以，真的沒關係。」

　　上班第二天，我競走抵達捷運站，搭上了末班車。

　　上班第三天，終於來到惡名昭彰，一定會加班到末班車也開走的錄影前一天。看著同事蓬頭垢面，電話沒停過，腳本打不完，我慢慢理解未來即將面對怎樣的生活，大家就這樣工作到了半夜四點，終於可以下班。我算了一下，信義區回八里的計程車是五百八十元，錄影是早上九點就要回公司搬道具去電視台，我搭車時間又長，怎麼算都覺得花那麼多錢回家有點傻，感覺睡一下下又要出門，那不如就睡公司吧？

同事們都住得很近，只有住汐止的勁中，也在考慮要不要回家，當時我還跟他很不熟，他一聽到新同事要睡公司，立刻揹起包包看向我：「公司只有我跟她會很尷尬欸。」然後就走了，那時覺得他真是冷漠極了。總之其他人一邊跟我確認真的不回家嗎？一邊推薦公司哪個角落比較好睡，大家紛紛離開，燈越關越暗，最後整層辦公室只剩我一個人，那是我上班第三天。

　　空間太安靜了，環境又陌生，我不敢探索公司角落，只敢趴在座位上睡，一邊想著我怎麼會上班第一週就住公司？這一行怎麼那麼苦？沒洗澡我頭好癢啊！想著想著，決定起身去廁所，順便洗個臉。

　　公司的洗手間在大門外面，和隔壁的喜歡音樂唱片公司一起共用，剛入職的我還沒拿到門禁卡，很擔心走出去，門會不小心關起來，還特別拿了傘架壓著大門才敢上廁所。我一邊尿尿一邊幫自己打氣，晚點就是人生第一次進棚了，我一定要好好表現，我要成為亮眼的新人！結果上完走出來，大樓的清潔阿姨已經上工，還貼心地把我的公司大門關起來了。

　　原本還有點睏意，瞬間被嚇醒！我的包包、家裡鑰匙、錢包全部留在座位上，最早進公司的櫃檯小姐，大概還要四個小時後才會出現。天還沒亮，我該怎麼辦啊？無處可去的我，選

擇走回廁所，挑一間比較乾淨的，坐在馬桶上睡覺。那個馬桶是感應式的，我坐在上面靠著牆，馬桶一直沖水、一直沖水、一直沖水。我就這樣睡到了早上。

經歷這次廁所過夜，我終於受不了，立刻打電話回家：「爸爸，你可以來台北陪我上路嗎？」

為了能加班到早上，決定進行開車特訓。🍂

Baby in the car

　　不知道為什麼，我台中的閨密幾乎每一位都會開車，台中大眾交通不方便、馬路也相對台北市寬敞，大家都是大學就把握時間考駕照。大二那年暑假，我和妹妹一起報名了駕訓班，當年只要筆試、場內路考，我拿了兩個一百分後，又回輔大繼續通勤上學，很少開車上路。

　　節目企劃才做三天，已經發現大事不妙，這荒謬的工作時數，勢必要有交通工具，騎車往返還是很遠，沒辦法了，只能開車。當時我的月薪不到三萬，不可能買車，媽媽說她很少開車了，不如把她的車給我開。在我打電話求助的那個週末，她和爸爸就把車開上來台北，準備為女兒進行兩天道路特訓。

　　空有駕照，駕駛經驗很少的我，好早就起床去空地練習，從路邊停車、倒車入庫、機械車位停車，爸爸化身駕訓班教練，我也聚精會神地學習。畢竟週末結束，即將面對的是台北市恐怖車潮，到時可就沒人依靠了。

　　第一天的練習結束，有感女兒不甚理想的技術，他們帶我去汽車用品店買了兩張貼紙：「新手上路請注意」、「Baby in

the car」貼在後車窗，希望其他駕駛看到這台車可以多體諒、閃遠一點。是的，車上其實沒嬰兒，我就是那個大 Baby。

密集訓練兩天後，禮拜一了，爸爸必須回台中上班，媽媽則自願多留一天，先陪我開車上下班一次，確定女兒可以安全地把自己送到公司，禮拜二再回台中。那天母女倆提早了一個小時出門，在危機四伏的台北市努力前行，多抓的一小時沒有白留，我們下錯幾次出口，我還一度嚇瘋換媽媽開，好不容易地抵達公司停車場，並辦理了大樓的汽車月租。

很悲傷的是，由於辦公室座落於地價昂貴的信義區，汽車的一個月租金是六千元（現在漲至八千元），已經占去我薪水的四分之一，簡直跟租一套雅房差不多。媽媽一聽到如此高額的租金，立刻掏出錢包說要幫忙付第一個月的，等我拿到薪水後再自己付，我當然是欣然接受。

送完我上班後，媽媽準備回家，等晚上再來陪我開車。對我很大方的她，對自己卻是很節省，覺得直接搭車回八里太貴了，所以她走去捷運站，先搭捷運再轉公車，待一天結束，再以同樣的交通工具，風塵僕僕搭回來公司陪我開回家。那天看著媽媽送我到公司後，又慢慢走去捷運站的背影，其實我內心好抱歉，自己怎麼選了一個要加班到早上的工作，讓父母週末

也不能休息，還要特別北上一趟。而我微薄的薪水又到什麼時候才能開始回報他們、照顧他們呢？

幾年後，我開了 Podcast 講了這個故事，還不小心邊錄邊哭，心中是既感動又虧欠，媽媽聽到那一集還覺得我很誇張，說天底下每個母親都會這樣，這也沒什麼。

隔天媽媽回台中了，剩我一個人挑戰開車上班，這一行經常一個禮拜只放一天，我甚至有過連續二十一天都沒有休假，也沒有補休，我想台北市區的馬路就算多可怕，好像也沒工作可怕。身為新手駕駛，我每天都被其他車子按喇叭，次數多到我開始在心中計算，一天可以被叭幾次。在這邊也跟各位報告，爸媽回台中後，我真的無一天例外，連續被按了一個月的喇叭，開車技術到底多爛？

那幾年上班再累我都哭不出來，一個人開車卻時常想哭，每次路邊停車停不進去、塞車塞到尿急、早上五點才能開回家時，我都會眼眶含淚，覺得一切真苦，好想棄車逃逸。工作和開車同時成了我的壓力，逼著我一夜長大。

原本的馬路三寶，在每天上路的訓練下，後來開車越來越

會開車後買了自己的車。

穩，不管是上山、行經小巷子、一個人開去高雄都沒問題。我越來越少被按喇叭，過幾年還買了自己的車，現在也幾乎不讓爸爸開，交給司機歐娜沒問題！

說到底，這一切都要謝謝當年把我困在廁所的清潔阿姨。

努力假裝什麼都會的新人

分享接下來的故事前,先介紹一下節目企劃的工作內容:

1. 發想主題:一週會錄四到五集存檔,每週開會討論下週錄什麼主題。

2. 找來賓:藝人由通告負責,素人則由企劃來找,警察單元找警察、網紅單元就找當時最紅的話題人物上節目。

3. 對稿:打電話給每位來賓對稿,請他們講與主題相關的有趣故事,由於藝人都很忙,半夜講電話也是常有的事。

4. 寫腳本:把節目進行方式、動線、來賓講的故事,整理好寫成腳本。

5. VCR 拍攝:節目上播的 VCR,會是企劃自己出外景拍攝,再回到公司剪接。

6. 跑道具:生出每一集需要的道具,當年經常都要自己先墊錢。

7. 訂便當:訂好全體工作人員的午餐及晚餐。前輩常說訂便當是門學問,要好吃、要有變化、務必準時送到。

8. 布置攝影棚:配合該集主題搬沙發、椅子、台階,錄完再繼續搬下一場次。

9. 其他：做手卡、寫大字報、別麥克風、印腳本、接待素人等
　　各種瑣事。

　　剛入行大多從最簡單的做起：「跑道具」。

　　我剛進公司錄的第一個主題是「運動帥哥」，當時距離錄
影只剩兩天，同事忙得焦頭爛額，還趕著要幫每位來賓拍介紹
影片。我負責的任務就是去借各種球類：排球、籃球、橄欖球，
再送到一個河濱公園給正在出外景的同事。

　　對運動一竅不通的我，一時不知道要跟誰借，用了一個非
常傳統的方式，我打去每個運動協會借球。我打到排球協會借
一顆排球、橄欖球協會借一顆橄欖球，每個協會都在不同地點，
當時外送又不流行，不會騎車的我，索性叫了一台計程車，載
著我在台北市跑大地遊戲。

　　那個下午我把各個協會都走一趟，最後一次送到河濱公園。

　　我的薪水這麼低，兩萬六千元還沒扣勞健保能這樣大氣花錢
只為了把道具跑完，就知道我多麼力求表現。現在回想，只疑惑
當時我們為什麼不叫來賓自己帶球？好幾位都是專業球員欸！

　　除了搭計程車，假裝我跑道具很有效率以外，有件事情，
我也是假裝自己精通，演到不能再演，最後才放棄，那就是「剪

影片」。

　　我從來沒學過剪輯，當時進公司後得知企劃也要剪影片，只能拜託老天爺，千萬不要讓我碰到。好景不常，工作一個多月後，有一次製作人指派我負責「網路紅人」單元，除了完成腳本，由於其中幾位是 YouTuber，我必須把他們的熱門影片剪成短短的 VCR，在錄影當下播放。

　　當時我跟其他同事都不熟，也不敢跟前輩們說：「我電腦只有試用版的威力導演，而且我不會用。」我把腦筋動到一位正在墾丁當替代役的大學同學，每天傳訊息拜託他幫忙，他人很好，幫我完成了一半，快速剪出三支 VCR。

　　我安慰自己：「歐娜妳可以的。」船到橋頭自然直，剩下的 VCR，等我寫完腳本，再趕快剪出來就沒事了，想得非常美好。

　　節目腳本大多是錄影前一天才開始寫，那集的來賓有十一位，當我全部通完電話、對好故事、完成腳本的那一刻已經是半夜三點。寫完還要等製作人一集一集看完，確定沒有地方要改才能印出來，並且協助其他同事都弄完工作後，才可以回家，完全責任制，沒有加班費。

　　當我終於到家時，已經是早上六點，九點又要出門去電視台錄影，只剩三小時的我，洗了個戰鬥澡，便開啟威力導演試

用版，努力摸索，把每支影片縮短在一分鐘內，坦白說我根本不知道怎麼剪，但真的火燒屁股了，只好硬著頭皮亂剪一通。

　　節目終於開錄，我的內心五味雜陳，真希望電視台突然斷電。主持人介紹完第一位來賓，播了第一支影片，順利過關，沒人知道是替代役男剪的。接著輪到我的影片，有點沒頭沒尾，播完後主持人、製作人滿臉問號，我好害怕，多想拔腿狂奔離開這裡。

　　最後全數影片播完，國強哥終於按捺不住怒火，把劭中抓去旁邊罵：「這影片誰剪的？看不懂啊！為什麼你們都沒檢查？」國強哥是個不太會罵新人的製作人，可能怕新人被他嚇跑，都會先找資深的問，再讓前輩去教新人，我整個人像雕像一樣站在旁邊，只能靜靜地聽，無所適從。

　　劭中被罵完後問我：「妳會剪影片嗎？」

　　我：「沒學過。」

　　他：「那剛剛是誰剪的？」

　　我整個很尷尬地回答：「有一半是同學剪的，上次《痞子英雄》電影的宣傳影片也是他剪的。」

　　傻眼的劭中叫我以後不會剪要提出來，剪接驚魂記就這樣結束了。

23

對了，當年的替代役同學，如今我跟他很少見面，也不太聯絡，但還是想趁這個機會感謝他。謝謝您！

　　其實後來還是沒人教我剪接，製作人也不再叫我剪。但每個人終會找到自己的專長，像是找素人方面我就越來越得心應手，《康熙》後期很多讓觀眾難忘的來賓，都是我拜託來上節目的，這件事也讓製作人對我的工作能力越來越放心，慢慢地就擺脫「出包新人」的身分，被取了「素人女王」的稱號呢！

做這一行究竟要多耐罵？

　　入行的第一個月，新人大多是協助前輩們對稿，和同事各自分配來賓，一起完成一集腳本，到了第二個月，終於要挑戰獨立寫本。我非常幸運，人生第一個腳本是九把刀、藍心湄、周慧敏、賴雅妍等演員來《康熙》宣傳電影《等一個人咖啡》。

　　我從高中就很喜歡九把刀，每次出書我都會預購，書一拿到就立刻看完，有時還會去九把刀的無名網誌留言，期待他給我回應，總之是個忠實書迷。

《等一個人咖啡》是我非常熟悉的小說，那時知道被指派這一集，內心其實挺安心的，想說這整個製作組，絕對沒人比我還懂這本書。

　　由於要第一次不假他人之手完成腳本，我事前還做了很多功課，把電影相關花絮、新聞都看了一遍，也把我想問來賓的題目，一些只

在攝影棚睡覺。

在《康熙》的日子

有書迷才好奇的小疑問都列得清清楚楚，帶我的同事看到後還大誇：「妳很認真！這樣很棒！」結局卻一點都不棒。

節目來賓不是每一位都可以事先對稿，有的是工作太忙喬不出時間講電話，有的是太大咖不能對，有的是要求只能跟經紀人對。總之那集只有一半的來賓可以跟我通話，當時還是新人的宋芸樺、禾浩辰，雖然提供許多有趣的故事，但觀眾也對他們不熟，我的腳本可說是非常單薄。

我努力地寫到半夜，硬是找了些他們以前講過的故事放進腳本，還是被製作人一眼看出「很硬湊」。他把我叫過去罵了一頓，一個一個質問：「為什麼故事這麼少？這兩個年輕的誰知道是誰？×××講話也太無聊了吧！」

問完之後，還氣呼呼地跟通告說：「以後不要再讓新人寫宣傳本！」對我的工作能力非常不滿意。

又在攝影棚睡覺。

國強哥看完腳本後下班了，留下喪氣的我，實在萬萬沒想到，我看過三十幾本九把刀的書，《等一個人咖啡》還是其中的第一本，胸有成竹的我，怎麼會被罵成這樣？

　　同事下班時還尷尬地問：「妳不會明天就提離職吧？」這一行的流動率很高，經常有人只做三個月就撐不下去。甚至聽劭中講過，以前還有新人才上班一天，突然說要出去買東西，就再也沒回來了。

　　那天開車回家，又是個大半夜，我降下車窗吹吹風，想說讓風把眼淚吹乾吧！結果電腦打了一整天，眼睛好乾，這工作已經累到我連哭的力氣都沒有，只好升起了車窗，趕快回家要緊。很幸運地，隔天錄影非常順利，有些來賓就算不看腳本、不給對稿，表現還是活靈活現，我懷抱感恩，結束了獨自完成的一集。

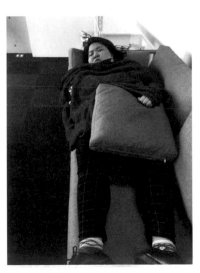

在公司睡覺。

製作人國強哥是個工作嚴謹，發脾氣時，眼睛瞪得比牛羚還大，罵出口的話創意十足，劲中被他吼：「你耳朵是不是長包皮啊？！」的畫面，到現在還歷歷在目。

　　他對於來賓很要求，如果通告沒發到滿意的，他就會一直坐在辦公室，讓我們也不敢回家，好多個已經有約的晚上，都因為他被迫留在公司，讓我成為放鳥大王，當時真是氣得牙癢癢。不過也因為他，被他帶過的企劃，工作都負責又認真，絕對是職場可以信賴的夥伴，那短短幾年，我學到很多。

　　後來我換過幾個製作人，有人高傲、有人是馬屁精、有人貪汙幾十萬製作費（好荒謬），我才懂了國強哥的好，雖然兇但至少清廉又實在，他永遠是我最感謝且欣賞的主管，希望大家不要因為我前面的描述，覺得他很機車，一點點而已。

　　或許是因為整個圈子工作時數太長、薪資太低，大家心情都不是太好，長期相處就忍不住開罵，有顆耐罵的心應該是基本條件。我人生聽過最狠的一次，是其他製作人大罵企劃：「你們比屎還不如！都是我生命中的屎，阻礙我前進。」霹哩啪啦罵了半小時，充滿創意的形容詞，我聽得瞪目結舌。

　　不料其他同事說這才沒什麼，他剛入行時，階級制更嚴重、主管超級兇，環境更變態，有次腳本寫不好，他直接在攝影棚

被製作人踹一腳，他只能摸摸屁股，拿起電腦趕快改。

所有做過幕後的朋友，我打從心底尊敬你們！

睡在公司沙發上。

在《康熙》的日子

毒品麻糬交易

　　在《康熙來了》工作的那一年半，是我體重成長幅度最大的時候，至少胖了二十公斤。大學時自認是個時髦肉肉女，當我回過神，已經變成病態肥胖，我的臉頰兩側、脖子後方越來越黑，連遮瑕膏都掩蓋不了。朋友以為我化妝下手太重，在臉上打了巨量陰影，過年遇到親戚，還被問說：「妳是被誰打嗎？怎麼烏青了？」我只好裝傻回應，自己因為每天開車，不小心曬出了大量黑斑。

　　但我知道自己是得了「黑色棘皮症」，一種胖子常見的皮膚變化，通常好發在皺摺處，像是：頸後、腋下、鼠蹊部等，最主要的成因是體重過重導致的「胰島素阻抗」，因身體裡的胰島素偏高，而讓黑色素細胞不正常增生，有了色素沉澱，若放任不管，很有可能會演變成糖尿病。像中國一位知名大胃王網紅泡泡龍，就有非常明顯的黑色棘皮症，臉頰非常黑，最後年僅二十九歲就猝死。

　　看著網上的資料、泡泡龍的新聞，我嚇壞了，深怕自己有

一天也會突然死掉，但還是沒有減肥的決心。可怕的工時、工作的壓力全成了藉口，我關掉那些驚悚的網頁，繼續用大吃大喝撫慰自己。

介紹一下我每天的飲食？中午一杯手搖、下午配個甜點、晚上再叫一杯手搖，比較早下班的時候，我會跟同事們吃鼎王麻辣鍋當晚餐，白飯絕對要兩碗起跳。如果隔天要錄影，需要在公司待到半夜四點時，就會集體叫麥當勞歡樂送或全球炸雞，一些超級不適合當宵夜，但吃了又好滿足的食物。看著空白的腳本，想到明天又是痛苦的一天，我不曾拒絕手中的美食，吃吧！我既是上班族，也是大胃王。

辦公桌上有小泡芙和手搖，嘴巴正在吃東西。

當時，同事劭中是最常跟我大吃大喝的夥伴，我們吃麻辣鍋的頻率，甚至成了VIP，累積好多點數，每次都可以免費換肉盤。但同時，

他也擔心我的不節制（卻又邀約我吃宵夜，真的很矛盾）化身為管家婆，控管我的飲料，希望我一天最多一杯，且點無糖，不可以三分糖。

此外，他也開始禁止我吃零食，每當我在吃雞蛋糕、麻糬、小泡芙、布丁等點心時，他就立刻拿起手機拍影片，質問著：「妳又在吃什麼？！」還創建一個臉書社團，把我吃東西的影片傳上去，要社團裡的同事、朋友評評理，我這樣吃對嗎？我那時覺得他煩死了，總是氣得遮鏡頭、罵髒話，最後我決定了：我要偷吃！

下班逛甜點店被偷拍。

公司位於台北文創，鄰近信義區，環境十分熱鬧，有網美咖啡廳、蛋糕店、鬆餅店等，但這些都不

是我的最愛。我最喜歡買的點心是古早味麻糬，一種常出現在路邊，由老闆推著推車，現捏現包，沾著花生糖粉的簡單麻糬，簡單的味道，讓我魂牽夢縈！但麻糬推車不是每天都有，且跟劭中出門買飯時，他又會囉哩八唆地阻止我買（現在知道是一番好意了），我便跟坐隔壁的新人達成協議，凡是中午他出去買午餐，看到推車出沒，請低調地幫我買一份，他答應了，平常教他對稿、寫腳本的我，也算是辛苦沒有白費。

總之，每當新人提著午餐和麻糬回到位子上時，他就會在桌子下方偷偷把麻糬遞過來，我再以迅雷不及掩耳的速度抓住，速速食用完畢。傳遞的過程，我們眼神不會有交集，雙雙直視螢幕，假裝在認真工作，背地裡卻做著宛如毒品交易的麻糬交易。謝謝好心的新人，讓我得以在辦公室走私麻糬，且劭中一次都沒有發現。

我愛麻糬，愛到把它寫進書裡（真是沒必要），但還是提醒大家，不要吃太多。它的熱量就像毒品一樣，殘害著身體，我的體重可能有五公斤都屬於麻糬。

歐娜悄悄話

　　我理解每位小胖妹、小胖弟的心情，一定都有不想面對不正常飲食，只想快樂過日子的時候，我也是用二十多年的時間，才改變心態。若飲食沒有影響你的健康，請放膽吃吧！若有所影響，也要適時照顧自己唷！我是到多年後才開始減重，選擇面對黑色棘皮症，找了減重醫師、皮膚科醫師進行治療。脖子後方、鼠蹊部都因體重減輕，顏色越來越淡，臉頰兩側則被診斷是肝斑，根本不是黑色棘皮，我也算是誤會自己多年，目前同樣積極治療中。

難道我是測謊專家？

　　分享好多在《康熙來了》的故事，突然擔心會不會有人根本不知道這是什麼？《康熙》由蔡康永和徐熙娣主持，從二〇〇四播到二〇一六年，在這十二年間，都是台灣最紅的談話性節目之一。

　　節目有多紅？除了聽過有藝人想塞紅包給製作人，只為多幾次曝光機會（但製作人沒收），同事發通告時，也比其他節目無往不利，想上《康熙》的人實在太多，就連素人也是如此。

　　身為企劃，我們必須湊齊每一集的素人，精選出最適合的來賓，邀請他們在節目上分享故事。當年前輩習慣找素人經紀，也就是專門發素人來錄影的經紀人，這些經紀會去各大臉書社團徵人，想上電視、求曝光的素人就會主動跟他們報名，省下我們自己找人的時間。畢竟幕後團隊幾乎人人都被工作綁架，根本沒什麼人脈，又怎能湊齊不同主題的來賓呢？

　　記得剛入行沒多久，有一位歌后要來宣傳她的新書，由於書裡提到許多感情經歷，我們便決定要做一集「姐弟戀」單元，邀請了三對姐弟戀情侶，分享他們的愛情故事。素人經紀推薦

非常多情侶檔給同事，同事從中選了三組讓我來對故事，這是我第一次遇到騙子來賓。

騙子情侶年紀差非常多歲，女生就算說她是男方的母親，我也不會懷疑。電話中感覺兩人很相愛，又說他們是在紅包場認識的，節目最需要這種有效果、有故事性又甜蜜的來賓，我們也就跟這對情侶敲定了時間，並請他們提供一些生活照，可以在電視上播。

不料要照片的過程卻頻頻碰壁，阿姨女友說她很少拍照，弟弟男友說合照都在電腦裡，但電腦故障了。我每天叮嚀他們：「記得找照片！」、「電腦修好了嗎？」這對情侶還是在節目當天才給了我。

沒想到一經我比對，照片裡的他們，無論衣服、髮型、妝容都跟錄影當天一模一樣，背景還是捷運車廂。感覺兩人就是剛剛搭車集合才趕緊自拍，他們真的是情侶嗎？還是兩個第一次見面，想賺通告費的路人？錄影即將開始，我不知道該怎麼辦，只能請他們趕快入座。

很不幸地，後來有攝影師過來跟我們說，這男的很常上節目掰故事騙人，過幾天我不幸地在別的談話節目，再次看到那位男來賓，這次他的女友是年輕妹妹。原來真的有人會為了上電視，到處報名講假故事。

被騙過一次後，我學乖了，之後的來賓都很少委託素人經紀，改成自己到處問、到處拜託，卻依然逃不過被騙的命運。有一次節目要錄「人生勝利組」單元，必須找一些從谷底翻身，改變人生的成功人士。

才剛畢業的我，哪會認識什麼勝利組，只好請以前發過的素人牽線介紹，湊齊了當集來賓。

其中有一位大哥，我印象非常深刻，談吐幽默、性格樂觀，他經歷過低谷，曾經窮困潦倒，又克服重重困難，成為多家公司的大老闆。那時其他人跟我推薦可以找他時，我真覺得挖到寶啦！跟他對稿時也是頻頻點頭，想必觀眾一定會很喜歡，《康熙》難得這麼有教育意義。

錄影當下，經驗豐富的主持人對他的故事很驚喜，大家越問越深入，大哥回答也就越來越含糊，康永哥甚至笑問：「我們應該不會過幾個月在社會版看到你吧？」大哥大笑說不會啦！我也當作他第一次上節目，講話比較緊張罷了，沒想太多。

錄完影後，對方頻頻向我道謝，過幾個月還跟我說他要出書，想寄一本送給我，我收到後，發現作者介紹連他上過《康熙》都寫進去了。

八年過去，最近大哥真的出現在社會新聞了，Dcard、Ptt各大論壇，只要搜尋他的名字，後面都接「非法洗錢」、「詐騙

集團首腦」，甚至也有人發現他上過節目，討論著他當初是不是想讓自己更有說服力，才會想在節目裡講成功故事，方便騙更多人。想到自己成為壞人的幕後推手，我內心實在五味雜陳。

　　原來節目企劃，還要身兼測謊專家，社會上有太多人因為想紅，無所不用其極，沒有足夠的經驗，真的很難判斷真假。親愛的康永哥，您真是預言家呢！

我對康和熙的印象

踏入這一行，我最常被問的題目就是：「蔡康永、徐熙娣他們本人怎麼樣？」大家都覺得我身為幕後人員，一定可以跟主持人當朋友，私下還能一起聚餐。真的是想太多！

小時候看《娛樂百分百》，大小S總是跟鏡頭外的工作人員打成一片，她們能講出每個人的名字，甚至會把幕後拉到攝影機前，訪問他們，像是朋友一樣的大聊天。但那是小S年輕時的主持風格，也是讓現場直播更有互動感的一種方法，跟後來《康熙》一次錄五集存檔，大多請明星來聊天的調性截然不同。在我工作的頭一年，和主持人其實是挺有距離的，連打招呼都很少，我們總是非常安靜，不打擾康永哥和S姐。

所謂的不打擾，是真的一聲不吭。當時我有個任務，是每次錄影要把一整天的腳本、水杯放進主持人休息室，身為新人，我很害怕跟主持人獨處。有時敲門發現裡頭空無一人，心情就特別放鬆，我會雀躍地放好腳本，帶著輕快的步伐離開休息室，有時發現康永哥已經到了，我則低著頭，光速放好東西、以忍者的姿態離開現場，他也很少抬起頭，經常安靜地看書。

在《康熙》的日子

不只康永哥不說話，小 S 也是，螢幕上的綜藝天后，私下卻截然不同。她總是穿最樸素的衣服來電視台，背著那萬年不換的帆布包，快步走進休息室，如果不認識她，任誰都會覺得是個文靜女子。有時我進去放東西，甚至也沒怎麼聽過她講話的聲音，我們的主持人休息室，可說是一個比圖書館還安靜的地方。

　　工作一年多，我幾乎沒有跟主持人講過話，對他們是既尊敬又害怕。有一次電影《我的少女時代》來宣傳，主題是分享學生時期的故事，演員們帶了很多本畢業紀念冊，我一本一本和製作人介紹，那集來賓很多，資訊量超大。

　　製作人聽完後：「歐娜，妳待會跟我進去，講給康永哥聽。」平常我們都是習慣向製作人報告這一集的內容，再讓他去跟主持人對，聽到要直接面對康永哥講故事，我緊張到耳朵都熱了。

我和康和熙。

開錄前半小時，我抱著近十本畢業紀念冊，跟在製作人後頭，緊張兮兮地走進主持人休息室。來賓很認真，帶的紀念冊每本都好重，我單手拿著畢業紀念冊，結結巴巴地跟康永哥介紹每張照片在講什麼。

　　由於書真的好重，我又太過緊張，才講沒幾句就發現天啊！我的手竟然在發抖！拿著畢業紀念冊的左手，無法克制地整隻都在顫抖！我故作鎮定，悄悄地用右手握住左手，想讓自己不要那麼窩囊，還是沒什麼用，就這樣抖到腳本對完。如此尷尬的場景，難忘至今。

　　兩位主持人，除了私下很安靜以外，還有件事情可以分享，那就是他們非常「慷慨」。剛入行便聽很多同事說過，可以期待一下康永哥和S姐發的過年紅包，大包到幾乎是演藝圈之冠。我只能說這個傳言是真的，《康熙》紅包是根據年資，逐年增加，我入行半年正逢過年，身為菜鳥，那個紅包還是大到我要轉包給爸媽也綽綽有餘。

　　記得節目的最後一次錄影是十二月初，離過年還有一段時間，但主持人依然準備了惜別紅包，金額同樣令人驚喜、感動，我有位同事做了非常久，他的紅包更是大到聽說可以換新機車。

康永哥和 S 姐的大方，是我在工作初期，拿著兩萬多月薪時，依然樂此不疲的原因。每當家人覺得做幕後太操勞、薪水太少、不是人幹的，我都會立刻補充可是主持人紅包有補貼到啊！非常感謝他們如此體恤幕後工作者。

　　工作期間和康熙都不熟的我，節目結束後，反而和他們的距離近了一些。我有幸加了他們兩位的臉書，成為他們臉友，有時可以在小 S 的貼文底下誇獎她怎麼那麼美，有時和康永哥臉書私訊閒聊幾句，都覺得幸福無比。這次要出書，就算覺得機率很低，我第一個想到的推薦人是他們，畢竟沒有《康熙》就不會有現在的我。懷抱著最緊張的心情，我發出了邀請的訊息，也很快地就收到回應，是的，我竟然成功了！

　　謝謝康永哥和 S 姐的照顧，讓小小的作者有了最拉風的書腰。這絕對是我人生最偉大成就之一！

當《康熙》劃下句點

　　「燃燒生命」來形容剛入行的自己，再適合不過了，無數個天亮才回家的加班日，搞壞身體而離職的同事，以及被犧牲掉的所有節慶。我錯過了自己的生日、家庭聚會、朋友聚餐，跟大家變得很疏遠。有時看著鏡子裡氣色越來越差、體重無限飆升的我，都覺得還要撐下去嗎？這樣值得嗎？但因為太愛《康熙》了，我甘願每週休息一天，錄完影再踏回幕後地獄。我告訴自己也告訴大家，這一行我絕對會做到《康熙》結束的那天，《康熙》不播了，我才要走。

　　沒想到，那天來得這麼快，二〇一五年十月，康永哥來公司提離職了。

　　記得那是個很平常的上班日，我們 Team 的座位就在金星娛樂的老闆王偉忠辦公室旁邊，不管哪個大明星出沒，我們都是一目了然，見怪不怪。但那天看到康永哥走出老闆的辦公室，其實滿驚訝的，我從沒看過他出現在公司，不過也沒想太多，想說可能只是順道拜訪而已。

　　沒想到康永哥進公司的隔天下午，我和全台民眾同時看到了他新發的貼文，他竟然宣布不做了？

當下，我覺得自己的世界好像崩塌了，身為觀眾，看了節目太多年，它已經成為我的習慣，難以割捨。身為幕後，我感到無助，那明天要幹嘛？是失業了嗎？人都還有點恍惚，不敢打開手機看雪花般的關心訊息，接著小 S 也馬上發文，寫著自己要和康永哥同進退。

　　一切的發展太突然，我真希望是場夢，但兩個主持人都宣布了，這件事應該是真的。製作人起身請我們到會議室集合開會，說自己也是昨天才知道這件事，因為不想驚動大家，影響工作心情，決定等主持人宣布後再公布。

　　國強哥安慰我們，《康熙》結束，公司一定會再開新節目，大家並不會失業。而老闆也有跟康永哥爭取兩個月的時間，來幫節目好好收尾，主持人對於之後要錄哪些單元，以及最後一集怎麼做都想好了，大家只要努力完成，專注工作就好。

　　為了讓節目更完整，我們忙到沒時間感傷，有太多主題要執行、無數精華 VCR 要剪。通告把所有讓人印象深刻的來賓找回來，一起在節目上回顧明星們當年的精彩表現，像是通告王、代班主持人、陳漢典特輯等，每個主題都很重要，都必須花很多心力準備。

　　《康熙》播出超過三千集，為了找到最精彩的畫面串在一

起，我們每天一進公司，就開始看以前的集數。哪一集的幾分幾秒講了好笑的話、幾分幾秒是經典，我們通通記錄下來，整理好交給剪輯的同事，簡直比宣布停播前還要忙碌，總是半夜才下班。

終於到了《康熙》的最後一次錄影，那天電視台掛滿慰留布條，現場的記者們把攝影棚塞得水泄不通，每家媒體都來了，大家都想見證這個節目的最後一天。第一場錄影是十二年通告王，我們認真計算藝人上節目的次數，邀請了前幾名來參加，過程歡樂又感傷。第二場是范冰冰和李晨大駕光臨，范爺光彩奪目，看到本人，我興奮極了，一度忘記感傷。

準備要錄第三場了，這是《康熙》的最後一集，主持人希望這集只有彼此和場外的工作人員，好專注地跟觀眾說再見。由於沒有來賓，製作單位早早就準備好現場，等著康永哥和 S 姐出場錄影，我們把握時間，趕緊和布景拍照留念。等待的過程，我整個人有點恍神，覺得一切好不真實，不敢相信今晚收工後，就再也沒有《康熙》了。

第三場開始錄影，回顧著一段又一段的 VCR，主持人又是爆笑又是大哭，場外也是一樣，無論製作單位、電視台員工、資深前輩、新同事，大家都非常不捨，那也是我有史以來在攝

影棚哭得最久，哭到頭最痛的一次。我想我不只和這個節目說再見，也在跟青春道別，謝謝《康熙》陪我度過人生所有苦悶、寂寞，最後還帶我來到了這裡，能親自站在攝影棚，看著節目到最後一刻，是我的榮幸。

播了十二年，影響我一生的《康熙來了》就這樣劃下了句點。回過頭看，依然佩服康永哥選了一個很棒的時機點，這節目不是因為收視率下滑或是電視台政策關係而結束，相反地，我們工作的那段時間，收視率非常好，大多是同時段冠軍，YouTube 瀏覽次數也是高得嚇嚇叫。很慶幸選在一個觀眾都還喜愛它的時候說再見，讓最後一集是如此圓滿、溫馨。

照理來說，經歷長達一年半的熬夜、折磨、零休假，我應該把節目停播這件事當作契機，或是老天的祝福別再走幕後這條路，趕緊轉行。

結果沒有，我不只沒提離職，還繼續接手下個節目！我想我是瘋了！

《康熙來了》製作群合照。

二

撐下去！
職場裡的苦瓜小姐

這一行真不是你想的這樣

　　國、高中都念升學班的我，從小就是滿乖的學生，我從來沒被記過，連警告都沒有，也很在乎大小考的成績，每次考試的名次。高三那年，我平日留校自習，每個週末都在圖書館念書，是圖書館一開門就會跑進去搶位子那樣地認真，後來學測考砸，還忍不住在教室外面和班導抱著大哭。

　　總之我一直很循規蹈矩，在親戚眼中是愛念書的乖小孩，畢竟就連過年，我都隨時抱著課外讀物，真是有夠愛看書。這樣的我，卻選了一個不太看學歷的工作，自然成為親戚、朋友眼中好奇的對象。剛入行時，每次聚會都在被大家追問各種題目，每個人都對演藝圈滿滿好奇，也有許多誤會。

　　首先就是薪資了，還記得出社會的第一個過年，有長輩一看到我就說：「雯雯現在薪水應該最少五萬吧！」聽到時真是心裡大翻白眼，會不會太高高高估，當我立刻反駁說只有二萬多而已，又迎來那種「怎麼那麼可憐」的眼神，真是有完沒完，卻也不能說自己不可憐。這一行工時長、又低薪，我後來做了三年多，薪水才爬到三萬六，竟然已經算是同事中，加薪速度

比較快的了。

　除了薪水會被問，大家最愛聊的還有演藝圈的秘密，聚會上總有人問：「有沒有什麼八卦可以講？」、「×××本人是不是很討厭？」每個人都期待我能講出什麼勁爆的答案，抱歉我腦袋空空，身為一天在公司超過十二小時的人，我還真不知道哪邊有八卦可以聽。

　後來我陸續做了許多節目，也當過尾牙、頒獎典禮的通告窗口，接觸到的明星數都數不完，以前也覺得他們一定難親近、愛耍大牌，結果大部分都非常親切、有禮貌，只有少數幾位的經紀人，只求今生不再相見。

　此外，我還有一題非常不喜歡聽到的一句話就是：「演藝圈都很亂吧？」不知道為什麼民眾普遍認為這個圈子就是大染缸，進來的人都會變壞。但藝人也是人，他們可能劈腿、離婚、無縫接軌，但其實這種感情糾紛，每天都在我們的周遭上演啊，誰沒遇過愛情騙子？有時候仔細想想，我人生聽過最亂的人，可能是朋友的某一任前男友吧！渣到不行！還真的不是熟識的哪位藝人。

　而能跟「演藝圈很亂」並列第一的反感題目還有：「可以幫忙要個簽名嗎？」工作的時候，我們很在乎自己夠不夠專業，

就算今天來的明星再大咖，畢竟我是工作人員，不是追星族，就不可以去打擾對方，明星每天遇到的粉絲夠多了，若幕後也一起變粉絲，還去要簽名、求拍照，多少讓人感到負擔。

我從國中就是蕭敬騰的粉絲，還曾經和媽媽一起飛去香港，只為看他第一場紅館演唱會。剛入行時，我最在乎的就是他會不會上節目，自己有沒有機會近距離看本人。真的很幸運，在入行沒多久，就遇到他來宣傳專輯，永遠忘不了當我看見通告把「蕭、敬、騰」三個字填上白板時，我是多努力壓抑自己的興奮。但前輩們也就是從那時候開始提醒我：「上班不是追星！不可以找他合照！要保持專業！」錄影當天，我做到了，內心澎湃，但外表非常冷靜，簡直把金曲歌王當路人看待。

後來他又上了康熙幾次，我每次都故作鎮定，趁某一次有大合照，通告說想拍照一起都來，我趕緊混進去，這才完成小小心願。

但有些同事就不是這樣了，還記得以前其他節目來了個新人，上班第一天遇到老闆王偉忠便要合照，到電視台錄影也在休息室跟通告藝人自拍，那位藝人常上節目到一個月一定會見一次，但追星同事不管，拍到節目快要開錄了才罷休。瘋狂行徑讓她入行不到一個月，就已經黑遍整家公司，後來她得知《康熙》Team 就在隔壁，還做了一份十幾頁的 PowerPoint 給我們

52

和蕭敬騰合照。

製作人，報告她有多愛節目和主持人，希望可以來看一次錄影。
由於擔心她在現場會很失控，主管決定拒絕這件事。

　　最後再分享一句踏入這一行後，經常聽到的話：「妳會變
明星吧！」由於有沈玉琳、趙正平兩位幕後轉幕前當先例，很
多人都覺得身為工作人員，一定有機會當明星，我只能說如果
抱持這樣的想法，真的不適合這一行。沒有外表、口才、表演

能力、運氣，你在幕後蹲到腿痠，都不會有人讓你走去幕前。好幾次面試工讀生，聽到對方想來打工，是因為想紅，我都會立刻打叉叉，母湯母湯。不要再把從事幕後當作演藝圈捷徑，想當明星請去報名選秀節目吧！

　　雖然這些話由我來說適合嗎？我現在是不是也算走到幕前啊……

做了一個最討厭的節目

《康熙》結束後，我參與的某檔談話性節目，讓我留下了難以忘懷的回憶。

節目主持人話題性十足，也相當知名，然而在當年，卻讓我痛苦萬分，如今電視上不小心轉到這個節目，我都立刻轉台，一秒都看不下去，一點也不想被勾起傷心回憶。

其中最大原因，就是我很不習慣主持人的講話方式，他是經驗豐富的資深前輩，講話幽默聞名。卻常在訪問素人時講出自以為好笑的話，失禮到讓我大冒冷汗，除了要請後製修掉那些失言，收工後還得跟素人們道歉，跟他們解釋主持人沒有這個意思，只是開玩笑而已，但其實我也不確定他真的沒有那意思嗎？

後來主持人的「幽默感」也運用在我身上。

節目有些單元會需要工作人員當評審團，每次遇到這種主題，我們都是到處拜託其他節目的同事來幫忙，如果真的湊不齊，就換我和同事自己坐上去錄影，最後也因此遭殃。那次錄影是找了十位幕後工作者，來票選藝人的口條，看誰現場講得

最好。主持人歡迎評審團時說：「今天來了十一位評審！」他的搭檔好奇詢問：「沒有啊！明明只有十位。」主持人立刻現場算數，算到我的時候直接變成十一，暗示我的體型就等於二個人，現場有十一個人。

我不記得這一段後來有沒有播出給全台觀眾看，想不起來當下臉有多僵，更沒有勇氣去找片段，但那個羞辱感，直到現在還烙印腦海。這也是為什麼，每次有人問我最討厭哪個藝人，我都會講這位主持人的原因。

很巧的是，過了好多年，我已經離開電視圈，轉做直播節目。有一天，又收到訊息，是一位通告問我有沒有興趣上這位主持人的其他節目，主題是「最嫁不出去的職業」一看到這個主題，我嚇得立刻拒絕。這樣的內容再搭配我，會被怎樣的對待，我已料想到，可不想再經歷一次！

對於主持方式感到很不舒服的我，為什麼能繼續做下去，全是來自一個聽說。當時公司傳言即將幫小S在中國開網路節目，由於我們最熟悉小S，打算外派康熙製作團隊過去。能到北京做節目，換個新環境過生活，還能脫離苦海，是多棒的一件事！為了得到這個機會，哪怕每次錄影，都覺得很倒彈，我一直告訴自己，再忍忍、再撐一下，新生活即將到來。

不幸地，由於這一行流動率很高，公司找不到其他人接手，我們要去北京的事情遲遲沒有發生，狀況也越來越糟。像是主管生病請長假，節目臨時換製作人，每次錄影都到半夜兩點，公司已經派另一群人去北京等，種種情況都讓我萌生離職念頭，一個自己也不喜歡的節目，要怎麼改變、怎麼做出讓觀眾喜愛，我真的不知道，我只想放棄。

　　除了我之外，當時同事都被新節目狠狠折磨，幾乎人人都反映想離開。

　　可能是集體請辭奏效，就在我動了轉行念頭，甚至已經開始和朋友的公司詢問薪水之際，行政突然跟我們要資料，準備辦台胞證了。老闆表示北京人手不足，很需要我們這組去當救火隊，讓小S的新節目不至於開天窗，公司說會幫我們處理好機票、租屋，再告知哪天出發，外派北京這件事突然出現曙光。

　　原本苦等好久的計畫，一瞬間快速進展，從得知我們可以去到真的出發，大概只有兩週的準備時間，一夥人卻已經等了大半年。

　　我在那幾天整理行李，趕回家一趟跟爸媽吃頓飯，又立刻回到台北錄影。還記得當時負責一個很麻煩的主題「明星臉」，除了要找齊夠像的素人來賓、幫他們借衣服和假髮，還得安排

他們準備一段表演。那集有一位平常在工地開怪手的弟弟，長得很像羅志祥，我還請了舞蹈老師，租了教室讓他每週去練跳〈精舞門〉。

過去的我，面對這種主題一定覺得很難熬，寫腳本、做雜事、陪練舞，煩都煩死了。但那一週儘管疲累不堪，我還是好快樂，每天深夜回家，總是活力十足地打包行李，等不及要離開這個最不喜歡的節目。

就在錄完明星臉的隔天，我和同事們幾乎沒睡，直接拉著行李箱前往機場。我從來沒去過北京，不曾離開家人這麼久，沒有在國外工作的經驗，心情既緊張又期待。

我開始了北漂生活。

北京找房記，我住進了貧民窟

　　抵達北京後，公司先安排我們住進旅館兩週，我和劭中必須在這段時間，熟悉環境、交通、生活方式，更重要的是，我們必須盡快找到兩個人都能接受的房子，正式在北京住下來。

　　時間緊迫、預算有限，我們總是一下班就走遍各個小區，到處看房。居住需求很簡單：屋內乾淨、有電梯、沒電梯希望樓層低，卻還是發生許多哭笑不得的事。房仲大力推薦的房子，抵達現場，忍不住懷疑前任租客是否被暴力討債過，大門滿滿塗鴉和垃圾，又或者台灣頂多一個月一萬五租金的房子，在當地卻翻了好幾倍，完全租不起。讓人越看越心慌，特別想回家。

　　有一晚，我和同事們一連看了三間，每間都覺得不夠好。由於沿路都是步行，一夥人走到飢腸轆轆，經過某家餐廳，便走了進去，打算就地解決晚餐。翻開菜單思考著要點什麼，映入眼簾的是：「牛肉鍋、羊肉鍋、狗肉鍋」，以為只存在廣州偏鄉的狗肉料理，就這樣被我們遇到了。服務員靠過來，準備要點菜，我們面面相覷，不知道如何是好，結果劭中率先發聲：「我不敢吃這間。」大家也就很默契地站起來，趕緊走出去。

幸好我們沒有被飢餓蒙蔽雙眼，就算點了牛肉鍋，想到可能都用同個大鍋煮出來，還是毛骨悚然。

過了幾天，我們終於等到房子了，一個位在北京五環的像素小區，該社區有十九棟大樓，一層樓有三十五戶，能容納三萬人。因為離市區遠，房租低，曾經是年輕人北漂租屋的第一首選，一度非常火紅。我和劭中幸運地等到一戶剛好要出租，便搬了進去，那間屋況很不錯，有兩間廁所、兩個房間的樓中樓，家具也挺新的，屋外的場景卻截然不同。

在台灣一個人住四十坪房子的我，從天堂掉入地獄（或是鬼屋）。

該小區的開發商因為破產，環境無人管理、設備故障、遍地垃圾。且人口眾多，治安非常差，我們入住的前一週發生情殺案，近年也有跳樓事件。還記得第一次走進社區時，以為自己在參加試膽大會，我的那一區明明蓋好幾棟大樓，卻只有一盞

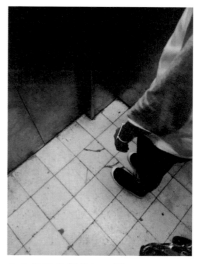

北京租屋的電梯好可怕。

路燈亮著，其他都壞了。伸手不見五指的狀況下，只能開著手電筒尋找回家的路，我在礦坑嗎？

　　大樓裡的電梯更是我人生搭過最恐怖沒有之一，地板磁磚裂開、滿地垃圾，還經常故障，導致鄰居困在裡頭，一開始覺得很像鬼片場景，久了卻也習慣了。

　　如此荒唐的小區，一個月房租超過三萬台幣，離公司也非常遠，每天都要花將近一個小時搭地鐵上下班，有時加班太累，想打車回家，還會被司機說太遠了拒載。住沒幾個月，我們決定搬家。

　　北京的第二個家，環境乾淨、交通方便、房租也合理許多，但依然有許多美中不足。首先浴室門非常矮，身高一百七十五公分的我，走進去必須彎腰，有時早上昏昏沉沉趕著刷牙，就會撞到頭，差點腦震盪。另外空間也非常小，以為是小人國專用浴室，好幾次我洗澡轉

北京的租屋像鬼屋。

個身，人都差點走出去。

住了一個禮拜，漸漸習慣新的房子，我們安慰自己除了浴室外，沒有什麼好嫌棄的，結果第一次洗衣服，才發現一切不對勁。洗衣機怎麼不在陽台？我們家的洗衣機放在餐桌旁，沒插電、沒接水管，就像個居家擺飾品。

我打電話問了和我們簽約的管家：「請問洗衣機放這幹嘛？」他說陽台擺不下洗衣機，理所當然地回答：「你們洗衣服搬出來安裝就行了！」從此以後，我每次都要跟劭中約好洗衣時間，我們必須一起把洗衣機推到廚房，找地方接水管、插好插頭，曬完衣服後，再一起把洗衣機推回原位。

如今很常在網路上抱怨工作的我和劭中，當年被工作逼得好會吃苦，我們每週安裝洗衣機，搭過無數次恐怖電梯，更別說有一次下暴雨，小區還淹水淹到小腿肚。就這樣忍受克難的環境，在北京住了快一年。

幾年過去，中國首都越來越繁華，依然很多人嚮往北漂。每次身邊友人討論誰去北京了，誰外派到上海，大多是羨慕的語氣，覺得在中國發展比較好、薪水更高，的確也是。

但要我再去真的不可能，經過確認，當年住的小區，如今狀況更糟。垃圾霸占停車場三年無人清，公廁全被改成出租屋，

導致樓梯間隨地大小便問題越來越嚴重。看著相關消息，我既震驚，又覺得在預期之中，最後看到了一句話形容著我曾經的家：「像素小區將演變成貧民窟。」

　　不可能吧？！我人生經驗到底要多豐富！

他們一人一台筆電，
我們拿廢紙開會

　　搞定房子後，我們立刻投入工作，開始籌備小S的第一個陸綜，由愛奇藝出品的《姐姐好餓》。這是個小S獨挑大樑主持的料理訪談節目，每一集邀請一位男神嘉賓，做菜給對方吃，邊煮飯邊聊天，舉凡：黃曉明、謝霆鋒、吳奇隆等人，很多大咖明星都來上過。

　　在北京做節目的我們，不只有更豪華的卡司，連本身的職稱也變得很隆重。以前的我是節目助理、幕後企劃、工作人員。到了那裡，直接榮升為導演歐娜，幕後團隊也改稱為導演組，甚至有不少當地同事叫我們一聲老師，讓人受寵若驚，難不成我學識變淵博，開始傳授什麼嗎？其實也沒有。

　　隨著越來越上手，也慢慢體會到兩岸工作環境截然不同。首先是人員分配，台灣的電視圈，我聽過一句話：「女生當男生用，男生當畜生用。」哪怕是家裡的小公主，只要來做這一行，絕對忙到比灰姑娘還蓬頭垢面，就如先前所說，我們都是一個人執行一整集的所有雜事。但在北京不一樣，人力十分充

沛，每個人只要負責一件事，把它做好就好。遊戲道具由製片組採買，烹飪食材讓廚藝顧問負責，VCR 也有專門一組人員在拍攝，我甚至曾在攝影棚看到，有工作人員一整天坐在那裡，就只負責一個舞台按鈕，也同樣能拿酬勞，可說是比台灣的環境人道太多了。

以前在台灣，我早已放棄做指甲、接睫毛這些只有漂亮女生才有空做的事，到了北京，時間變多，我終於有閒情逸致打理自己，我又開始做指甲了。

此外，他們的節目成本及設備同樣大大超前台灣，記得第一次跟合作方愛奇藝見面時，偌大的會議室，大家壁壘分明，和中國同事面對面坐著開會。放眼望去，他們從主管到實習生，人人都用公司發放的最新型蘋果筆電，我們呢？一夥人是拿筆和小本子記事情，我甚至準備了一疊廢紙做筆記，看起來特別窮酸（但也很環保啦！）。

說到這，直到現在還不明白，為什麼當年製作公司的配備如此樸實？我們不是在做全台灣收視第一的節目嗎？辦公室甚至座落於信義區，走路就可以到 101 看煙火。但公司分派的桌電，作業系統是二〇〇六年推出的 Windows Vista，打腳本用的 Word 則是二〇〇三年版本，一切老舊到以為我重回國小上

電腦課。且就算電腦壞掉，也不能申購新的，只能從閒置的主機中挑一台比較不破的來用，開機更傻眼，竟然是配 Windows XP，XP 系統推出時我才九歲！

那說到比公司更舊的配備，當屬電視台了。

談話節目為搭配來賓的故事，常不定時穿插著來賓提供的照片，讓觀眾更有畫面，大家知道我們當時怎麼把照片傳到導播間嗎？就是去某個小房間的電腦，打開「網路上的芳鄰」，把那些照片丟上去，就算電腦已經古老到頻頻發出怪聲，放一張照片要等五分鐘。但因為那是少數可以休息的空檔，等照片時可以閉目養神一下，我是滿愛這個復古行為的。

這麼多年過去了，不知那家電視台開始用雲端了嗎？

還有一點體會到兩岸巨大差異，就是預算了！由於中國節目廣告金主多，有冠名贊助、行業贊助等，《姐姐好餓》無論燈光、舞台設計、音響配備都很敢花錢。提詞機太小，我們就準備了一面 LED 牆給主持人看稿，原本的攝影棚被租走了，就改租一間三千六百平方米大，簡直可以在裡頭開車的空間錄影。

且他們節目一集發通告的預算，是台灣節目的一百倍甚至更多，在那裡我第一次體會到有錢好辦事，有錢就能發大咖，

三千六百平方米的攝影棚，其實根本用不到這麼大。

在北京短短不到一年的時光，我開拓了視野，看到無數位已經不可能在台灣出現的大明星，卻也在不斷比較的過程中，感到失落。

我們能力真的比較差嗎？為什麼台灣影視環境落後這麼多？為什麼永遠都要爆肝做節目呢？這個環境值得我繼續努力嗎？我想就是在那時，萌生了離職的念頭。

北京首錄睡過頭，
差點被製作人打 🥄

在台灣，我們因時間及成本壓力，一週要錄四集存檔，到中國做節目，預算高、工作人員多、籌備期長，一個月只要錄兩集就好。照理來說，在北京做節目應該從容優雅，時間游刃有餘，結果沒有耶。

牛牽到北京還是牛，幕後到北京上班還是苦瓜。

還原一下那時候的籌備過程，製作團隊會先設計主題，規劃每一集的遊戲環節、VCR 要拍什麼、料理要做什麼等。跟合作方愛奇藝討論後，再寫成大綱傳給人在台灣的大老闆過一遍，他確定沒問題，我們再繼續寫成腳本。

過去做節目，老闆不曾插手，頂多走路經過我們座位時，會突然一句：「那個×××最近很紅，要不要發一下？」很隨性地給點意見。但當時是第一次帶著小 S 前進中國，公司總是謹慎些，《姐姐好餓》的每一集內容，都得經過他確認。

所謂的「確認」卻不曾是最終答案，我們經常前面忙碌了三週，來來回回好幾次，直到開錄前一個禮拜，老闆來北京，

面對面跟我們開會後，一切又突然大改。他想怎麼改，就怎麼改，開場方式改、遊戲環節改，有一次菜色也改了，從現場做上海名菜「八寶鴨」變成家常的「番茄炒蛋」，我和同事們，總是無語問蒼天地整集腳本重寫。

原本盤算著準備時間這麼多，不可能在北京還要熬夜吧？開錄前一定可以睡飽吧？結果在北京第一次錄影的前一天，我們又是大半夜才回到家，並開啟了悲慘的一天。

當時我們到中國還沒有一個月，工作又非常忙碌，舉凡怎麼繳水電、付房租、電話費都還在摸索，根本沒空研究。沒想到就在《姐姐好餓》首錄當天，我和室友劭中，便因為沒繳電話費，手機被停話，睡夢中的我們卻渾然不知。筋疲力盡的兩個人，雙雙沒聽到鬧鐘，同事發現我們沒在約定好的時間出現，想打電話找人，也打不通手機。早上九點，理應出現在棚內的時間，我才終於驚醒，並一秒跳下床大叫著：「潘劭中完蛋了！快起床！」把他也嚇醒。

為什麼說完蛋呢？因為當時的攝影棚座落於北京郊外，離市區非常遠。有多遠？約莫台北到苗栗這麼遠。節目的第一次錄影，我和劭中睡過頭已經夠失職，出門還要過二個小時才會抵達，總共遲到多久，根本不敢算。

坐在計程車上的我想著北京為什麼要這麼大？晚點該怎麼進去才不會被發現？整個人魂不守舍。資深的劭中冷靜多了，安慰我遲到就遲到，想趕也趕不過去，說得也是，後來司機說他開錯路了，我們也看得很開。

　　終於，我們抵達攝影棚，一走進裡頭，場燈全暗，只有舞台是亮的，原來節目開錄了，小S和來賓黃渤已經在舞台上開場，一切非常不妙。劭中走在我前頭，兩個人提心吊膽地走去找製作人，怯生生地打招呼：「××哥，對不起我們來了。」當下製作人只能用怒髮衝冠來形容，眼睛瞪得比牛羚還大，他一手抓著劭中的衣服，還推了一下，看起來真的氣死了！劭中是××哥的得力助手，我又負責當天的另外一集，卻相約大遲到，製作人不爽完全是意料之中，罵了幾句後，便讓我們趕緊回到崗位上工作。

　　收工後，劭中回憶起早上的狀況，跟我說：「其實我那時候真的以為他要打我。」坦白說，我也有一樣的感覺，在驚慌失措之際，甚至有個念頭一閃而過：「幸好我躲在劭中後面！」

　　謝謝我勇敢的前輩：潘劭中！

登上微博熱搜的室友

　　來北京之前，我在台灣做一個自己很不喜歡的節目，上班時數比以前更長，每天都加班到半夜，幾乎消磨掉我對這一行的熱情。一知道有機會北漂，離開痛苦的生活，我滿腦子都想著我要逃！讓我離開去過新生活吧！如願以償後，這才知道不是換個新地方，就解脫了。逃避，從不是解決之道。

　　北京距離台灣一千八百五十一公里，無論氣候、環境、文化、生活習慣，兩個城市完全不一樣。北京的科技很發達，出門沒人帶錢包，手機能解決所有事。此外，當年台灣還沒有 UberEats、foodpanda，北京已經滿街外送員，沒有什麼東西外送叫不到。身為中國首都，它很繁榮，發展空間大，工作機會多，薪水又高，後來我們節目做完，一夥人準備回台時，不只一位同事選擇離職，繼續留在中國工作，直到現在也還在那裡。

　　但北京也有很多讓人不習慣的地方，明明是泱泱大城，卻還是有許多失控的場景，髒亂無人管理的社區、隨地大小便的民眾、喇叭按不停的駕駛。總讓人有種金玉其外，敗絮其中之感。我和同事還聊出了個結論，猜想或許是北京發展得太快，

人民的水準、相關法規卻尚未跟上，才導致一切有些失序吧！

　　生活起來不夠舒適，沒有家人朋友在身邊，待越久，我越想念台灣，卻只能每天跟同樣幾位同事，以及身兼室友的劭中乾瞪眼。更慘的是，由於白天一起工作，晚上一起住，相處了一陣子，我和劭中對彼此都很膩，感情也變差，每天下班回到家，總是走進各自房間，把門關上。我知道友誼出問題了，但自己是個很怕尷尬的人，不知怎麼開口聊，就一直放著古怪的情況不管。

　　心情同樣難受的劭中，因此在個人臉書發了篇長文抒發心情，內容主要講想念台灣的食物和朋友，才來北京一陣子，自己為什麼對每個人都好膩，不管是難吃的外賣、惱人的打車司機、上臉書要翻牆，他對每件事都好膩。

　　萬萬沒想到，當時只是路人，還沒現在來得有名的劭中，無聊打的文章，竟被一位喜歡《康熙》，而追蹤工作人員臉書的中國網友，直接搬運到微博，評論著他既然不喜歡這裡為什麼要來北京。這件事掀起軒然大波，中國網友氣瘋，事件不只上了無數娛樂新聞，還登上微博熱搜，直到現在還查得到。

　　除了遭留言謾罵，網友還肉搜到劭中和我住哪個社區，第一次遇到這種事的我們都很害怕，那幾天一直幻想會不會有天

出門被路人潑糞。最後，為求安全，主管要求劭中和我都把臉書關掉，免得被挖出更多個資。

　　說到底，在個人臉書發文抱怨生活，罵罵工作是正常不過的事，更何況當時他就是個離鄉背井的工作人員，分享苦悶心情、水土不服錯了嗎？中國網友卻不這麼認為，排山倒海，超過三百封的攻擊信件，湧入劭中臉書，多年過去，他直到現在都不敢點開。

　　因為這個風波，我和劭中培養出相依為命的情感，遠在他鄉，我們能依靠的只有彼此。經過幾晚的促膝長談，友情恢復以往，延續至今。

　　只能說深刻的友誼需要磨練，將近十年，我們一起加班工作、轉換跑道、成為搭檔，經歷了各種風波，累積出濃厚的感情。

　　但這種會登上新聞頭條，甚至被網暴的磨練，還是希望未來不要再發生，不管過了幾年，都是承受不起。

愛上大便神器

　　由於室友上微博熱搜一事鬧得很大，後來的我鮮少在網路上發表北漂心得，哪怕在食、衣、住、行各方面都不習慣，我已學會苦往裡吞。直到現在才有機會拿出來分享，先說明一下，我住北京是好多年前的事，遇到的狀況也是少數個案，相信如今強盛的中國已經很難看到了，請對岸網友不要生氣。

　　首先，當時最讓我不習慣的就是重口味飲食，太鹹的炒青菜、鮮紅色的重慶麻辣鍋、好油好好吃的上海生煎包，不管葷的、素的，我每吃必拉，以致馬桶堵塞多次，天天都在通馬桶。由於菜色過鹹、過辣，白飯的地位也就更重要，每次都要吃個一大碗去平衡味覺，從小就愛吃飯的我，每次到餐館，第一個點的就是飯，卻發現服務員總是菜都快上齊，白飯才姍姍來遲。

　　後來我好奇詢問北京同事，這才知道他們的飲食習慣和台灣大不相同，台灣，我們習慣吃飯配菜；北京，是菜吃完了還餓才點飯，拿來最後一刻填飽肚子。幾次跟北京人聚餐，也發現他們真的不愛吃白飯，饅頭、麵條才是更常見的主食，對比一入座就舉手要一碗飯的我，在服務員眼中，想必是個來自台

灣的大胃王吧？

接著是娛樂方面，繁忙工作之餘，大家下班最常做的不是看電影，就是唱 KTV。但當年的北京，有一個省電規定，要求公共娛樂場所必須到夏天才能開冷氣，舉凡百貨公司、電影院、KTV 都得遵守。但北京一過三月就豔陽高照，是個上班必須穿薄紗、背心才能熬過的城市，怎麼可能等到夏天，要怕熱的我怎麼活？

記得當年去電影院看了《魔境夢遊2》，室內真的好悶熱，我越看頭越暈，最後看到昏睡了半小時，中途才被熱醒，摸著汗流浹背的自己，當下還以為自己人在三溫暖，熱到好搞笑。

去唱歌也是如此，以前在台灣我只擔心包廂冷氣太強，風吹久了頭會痛，在北京，包廂冷氣真的不涼，大家都是唱到每間包廂門打開來通風，民眾一起聽彼此唱什麼，還有路人唱到打赤膊、搧著風，以為是戶外投幣式卡拉 OK。

最後，讓我感到最不便、最痛苦的就是上廁所了。從小就是大屁股的我，不管念書、出社會都習慣坐式馬桶，擔心蹲著上會一個重心不穩，發生遺憾的事。萬萬沒想到，我們在北京的第一個辦公室竟沒有坐式馬桶，這要已經坐著上廁所二十幾

撐下去！職場裡的苦瓜小姐

年的我如何習慣？更慘的是由於水土不服，我總是午餐剛吃完，腸胃就開始不適，上廁所不再是放鬆的時光，而是煎熬，好幾次我蹲到腳都麻了，差點跌進坑裡。

　　幸好不只我一人為此心煩，還有一位同事也深有所感，那就是後製組的達菇，同樣不擅長蹲的他，為此上網尋找解決之道，最後在淘寶下單了一個讓人害羞的商品「大便神器」。所謂的大便神器，是一個木製，中間挖了個大洞好似甜甜圈的折疊板凳，人們可以帶著它去廁所，將板凳立在蹲式馬桶上方，便可以坐在神器上放心大便。達菇有了它之後非常快樂，每次都是神清氣爽地提著大便神器去大號，還為此拍了部影片讚美它的好，讓我著實羨慕。

　　當年的我比較害羞，在同事面前很有包袱，完全不敢跟隨同事們一起下單，甚至不敢開口跟達菇借神器，我選擇速戰速決，或是憋著便意直到下班。後來達菇因工作需求，搬進了北京的剪接公司上班，再也不進辦公室，大便神器也就遺留在公司角落。我看著那個板凳，好幾次問自己要不要用用看，卻總是被羞恥感擊退而放棄。

　　有一天上班，午餐叫了速食店的勁辣雞翅餐，飯後腸胃的蠕動告訴我，這次非同小可，難以快速解決，更是痛到沒辦法

76

撐回家再上。種種考量下，我做了重大決定，那就是趁大家忙碌於工作時，偷偷摸摸提著大便神器衝去廁所。我決定放下束縛，像個竊賊般離開辦公室，但在馬桶上的我是王貴婦，享受著久違的氣定神閒，優雅地上了廁所。

從此以後，我每次上廁所都提著大便神器，直到後來公司搬家，終於換到有坐式馬桶的辦公室，才戒掉這個器具。

隨著我開始借用後，達菇都沒回過辦公室，神器也隨著後來搬家丟掉了，就此成為一個滿懷感恩的祕密。我隱藏這件事多年，一直不敢跟達菇說，總覺得借大便神器比跟他借錢還尷尬，過了非常多年，我才跟他坦承：「謝謝有你，北京生活能認識大便神器真是太好了！」

北京小偷

　　好莫名其妙的標題，但在北京還真的發生不止一次跟偷東西有關的故事，其中一個更是經典中的經典。不管自己的直播，我去上別人的 YouTube，通通聊過，每次分享都還是覺得太荒唐啦！

　　首先講一個比較少人聽過的好了，有看陸綜的朋友，應該知道在中國，無論節目類型、規模大小，都會談到冠名贊助商，並在節目各個段落打廣告，宣傳產品不停歇。當時《姐姐好餓》也有不少商務贊助，手機、沖泡飲品、廚具等應有盡有，再由一組負責商務的中國同事，去計算每集要置入幾次，詢問廠商希望怎麼曝光，並跟寫腳本的我們溝通，決定實際怎麼執行。

　　《姐姐好餓》的總冠名是中國知名手機品牌，開錄前，商務同事為了讓我們更熟悉這支手機，寄了一箱最新型號到辦公室，署名給對接的我。收貨當天，我開了箱子點一下數量，接著就把紙箱放回辦公室角落，想說等忙完再跟同事們研究。不料當我再次想起，轉頭一看，整箱手機已經不翼而飛。

　　我站起來，搜查整間辦公室，不可能吧！在哪裡？誰拿走

78

了？完蛋！我是什麼天兵嗎？連開機都還沒呢，直接搞丟一整箱！同事們也嚇到，討論著是不是被打掃阿姨當垃圾丟掉，我的背脊更涼了，直接和幾個人兵分多路尋找大樓阿姨。非常幸運地我們有找到阿姨，也拾回那箱手機，她說她以為是垃圾，打開後才發現不是，卻又忘記是哪間公司的紙箱。

我根本不在意她所言真假，不在乎她為什麼把那麼重的紙箱當垃圾，能找回來已經是老天保佑，後來我再也不敢讓手機離開目光，養成時時刻刻點數量的好習慣。

接著分享最經典，一個我可能會記得一輩子的職場故事。

我們剛到北京時，節目中許多橋段已經被前一批的同事安排好，我也不知道這個環節是誰想的？當時第一集有個 VCR 內容是「雞走秀」，找了不同品種的雞，走在 T 台上，看看哪隻最雄赳赳、氣昂昂，證明牠肉質

北京觀光。

最好，以帶到該集做的雞料理非常美味。

　　或許是希望第一集氣勢磅礡，記得光是矮小的 T 台就花了好幾萬人民幣訂做，唯一用途就是給雞走。更荒謬的是，老闆除了希望節目中播出雞走秀 VCR，現場也要有一隻雞再度出場，並要求牠披著小披風（同樣是訂做的）走出來，看起來更瀟灑。

　　拍完 VCR 後，中國的製片組挑了一隻帶回家養，打算照顧一週，等到節目開錄，再把這隻雞帶回攝影棚錄影。而公雞非常不適合養在公寓，由於雞太常咕咕叫，又飄出難聞氣味，他一直被鄰居投訴，險些被趕走，他只能硬著頭皮繼續養，一個禮拜後帶著雞回來彩排。

　　以前做台灣的電視節目，我們都是開錄前半小時，快速彩排來賓的才藝。《姐姐好餓》則要花一天時間彩排，把每個環節都走過一次，更何況這是首次錄影，大家都很謹慎，一早進棚，收工時已經是深夜。我和同事們疲憊地收著道具，討論腳本還有哪些地方要改，想到半夜還要加班，寫大字報、印腳本，真的好累。收著收著，後台突然傳來一陣淒厲的雞叫聲。

　　「咕！！！！！！！！！！！！！！！！！！！！」
　　白天還好好的公雞，就這樣在雞籠裡暴斃了。

這一切實在太過驚悚，本來就怕禽鳥類的我，完全不敢去查看，只聽說製片組把雞的屍體帶走了，並保證明天正式開錄，他們一定會生出新的雞來錄影。而隔天一大早，製片也真的準備好第二隻公雞，順利錄完影。

　　過了好久，我們才知道事情的真相。同事說由於雞走得太倉促，中國製片組根本來不及找雞舍借，只能在鄉間小路尋尋覓覓，等待奇蹟出現。車子開著開著，他們看到路邊有一隻公雞正在散步，也不管這雞哪來的，立刻下車，就像搶劫一樣地把雞偷回車子裡。節目錄完，才把雞放回去。

　　面對錄影的意外，有很多種應對方式，我們大可以跟老闆說刪掉雞圍小披風走出來的環節，因為這一點都不重要。但製片組還是使命必達，他們為了節目所做的事情，讓我們一群從台灣來的真是驚到掉下巴。

　　最後提醒大家，不管是偷手機、偷公雞，通通是不良示範！請各位不要學習，我絕對不鼓勵這件事。

撐下去！職場裡的苦瓜小姐

離開電視圈

　　入行後，我從收視率和觀眾評價找到成就感，也覺得「幕後工作者」就是我的命定職業，不管是我的個性、擅長熬夜、熱愛寫作、喜歡和人聊天等，都非常符合這一行的徵才條件。哪怕最愛的《康熙來了》結束，我依然有把握能在這個圈子待到老，根本想不到還有什麼工作比這裡更適合自己。

　　沒想到去一趟北京，我的想法變了。

　　首先，當初有機會一起來北京的團隊，不只我們幾個，有幾位跟我同期入行，一樣熱愛工作的同事，原本也要來的。卻前後因為長期熬夜，身體出狀況，暴瘦、血便樣樣來，他們放棄外派，直接跟製作人提了離職。我一方面感到可惜，一方面也擔心繼續待在這一行，會不會哪天換我撐不下去？

　　由於同事離職、人手變少，後來製作人網羅了入行十幾年的前輩一起北漂，個個經驗豐富，做過許多金鐘節目。但一聊天才發現，他們並沒有因為輩分高，工作時數變短，這十幾年他們一樣熬夜、一樣沒加班費、一樣久久才能見一次家人，始終如一地把人生奉獻給工作。我彷彿看到自己的未來，熬個幾

年鍛鍊一下可以，若長期都如此，這是我要的嗎？

最後一點，我看見兩岸的差異。當見識過中國節目的多樣性、豐沛的預算及人力後，才發現我在台灣做的內容有多一成不變，相同的主題、相同的通告藝人，有時甚至找曾經發過的素人到另個節目，講相同的故事。演藝圈就這麼大，電視台的預算就這樣，即使對一切感到厭倦，希望有點變化，還是被迫持續做一樣的事。

在北京待了半年，節目終於告一段落，快回台灣之前，同事試探性地問了老闆：「×哥，那我們回台灣要做什麼呢？」

老闆頭都沒抬，不假思索地說：「當然是去幫×××啊！」

而他口中的製作人，就是負責我最痛苦，讓我決定飛來北京的那個節目。聽到這件事的我，真是晴天霹靂，不敢相信逃了快兩千公里，還是要回到原點。那節目怎麼還在？！現在回去，又要做多久才能離開？

我不想再原地踏步了，我心生離開的念頭。

首先當然是跟家人聊，他們一如往常地支持，無論轉行、休息、繼續做下去，爸媽都沒什麼意見。接著又把這個想法告訴了一位同事，和他討論著要不要離職，不確定下一步該怎麼

走的我，心中還是沒有定案。

不料回台灣後，無論熟悉、不熟的同事，人人見到我都說：「妳要離職囉？」這才知道同事好心地把我的想法傳播出去，整間公司都謠傳我要離職，連老闆也聽說了。

由於事後反悔太糗，我也一不做二不休地填好離職單，就這樣告別待了快四年的電視圈，離開第一家公司：金星娛樂。

我從小就是個三金迷，無論金馬、金曲、金鐘我從不錯過每年的典禮直播，對哪個節目、哪位演員得過獎如數家珍。進電視圈後，我從觀眾變成能幫節目填寫金鐘報名表的員工，讓人充滿驚奇，也一直幻想自己有一天能以幕後人員的身分站上舞台。

很遺憾地，在金星那幾年我並沒有走上紅毯，主持人入圍了也沒得獎，卻在離職沒多久後，做過的節目，一舉拿下金鐘獎最佳綜藝節目主持人。看著前同事發文慶祝，我內心悵然若失，害怕回不來這個圈子，也難過自己和金鐘獎再無關係。

這幾年，前公司製作了許多優秀的節目，好多同事都走上金鐘舞台，發表感言。起初我有點吃味，但回頭看當初的決定，我不後悔，沒有遺憾。能在陪我長大的節目擔任企劃，和最愛的主持人合作，一切都足夠了。或許沒用到豐富職場經驗繼續

求職，沒在電視圈升上製作人，但我多了好多時間經營自己、陪伴家人、談場戀愛，還做了兩個自己的 Podcast 節目。

　　我想，我比較愛現在的生活。

成為 Podcaster

離職成了轉捩點

身為一個每天在 Instagram、Podcast、直播分享生活的人，經常有網友把我當樹洞，跟我分享他們人生的煩惱，人際關係、愛情煩惱、健康問題，其中收到最多的題目，就是工作相關了。

「歐娜，要怎麼成為幕後人員？」

「歐娜，請問妳是本科系求職嗎？」

「歐娜，Podcast 該怎麼開始？我該買哪些器材、如何上架呢？」

「歐娜，一直被同事刁難，我該離職嗎？」

大部分的題目，我都能侃侃而談，給他們建議，唯獨離職相關的，常常回答得很沒有自信。畢竟當年我把離職信交出去後，根本不知道接下來要幹嘛，以前最常掛嘴邊的人生座右銘更是「走一步算一步」，靠直覺在過生活。

提完離職後，因公司找新人交接需要點時間，在等新同事入職前，主管把我調到一個老闆突發奇想，剛剛成立的組，這

次很難得不是做電視節目，是做「團購」。公司做了個團購網站，負責媒合網紅和廠商，擔任溝通橋梁，幫雙方談定合作，從中賺取手續費。

當年團購還不盛行，我每天寄信問網紅有沒有興趣試用產品、要不要開團，總是石沉大海。最後同事把腦筋動到我頭上，跟主管提議讓歐娜來幫偉忠哥的眷村菜品牌賣雞湯，當時的我IG鎖成私人帳號，走在路上被認出是《康熙來了》的幕後工作人員，還會尷尬地立刻逃走，是個從沒想過要經營自媒體的上班族。

但因為我們那一組業績實在太差了，再找不到人開團購、再不賣出些商品，隨時都有可能被解散，我只好硬著頭皮，接下苦差事，在自己個人臉書開直播賣雞湯。

那是個大家都忙著工作的平日下午，我走進會議室，架好鏡頭、電磁爐、寫了大字報。開始一邊拿著白板叫賣，一邊煮雞湯試喝，竟吸引不少親友、網友捧場，非常多人下單。隔天老闆經過走廊，還興奮地問：「歐娜，賣多少了？」十分滿意叫賣直播。最後，我以素人之姿賣了近百組，雞湯也成為當時業績最好的一團（雖然沒什麼競爭者）。

團購是我在金星娛樂最後的代表作，雞湯賣完，我一毛分

潤未拿，瀟灑地離開，轉戰直播公司，開始新的挑戰。也在過一陣子，聽說前公司的團購小組解散了，大家又被分到不同節目，繼續做電視。

過去的我負責寫腳本、發掘新星、當幕後推手，把素人推到舞台上，讓觀眾看見他們的魅力，也因此把幾位素人捧成網紅，從沒想過有一天會換我當網紅。畢竟工作那幾年，每天都是蓬頭垢面，還胖了二十公斤，對外表越來越沒自信，有時攝影機不小心拍到場外的自己，我總是嚇得立刻躲在同事背後。

賣雞湯是我第一次出現在鏡頭前，展現個人魅力，意外地，我挺享受這個感覺，也得到成就感。離職前的這個任務，湊巧成了人生轉捩點，我決定開始經營 Instagram，在網路上分享更多生活點滴，從被幾百人、幾千人、幾萬人關注，慢慢地累積粉絲直到現在。

這麼多年過去，也終於證明老闆當年想法是對的，只是時機錯了。如今團購成為很夯的職業，許多網紅都在開團，帶來的經濟效益有時比發一篇業配文還高。我也從負責聯繫網紅開團的窗口，成為賣過幾檔百萬業績的團媽，從食物、保養品、日用品無一不賣，還經常開玩笑自封：「台中斯容」。

以前覺得團購是什麼？開團好麻煩，公司為什麼硬要碰不

相關的產業？我不想做這個，老闆瘋了！但因為秉持著走一步算一步的精神過日子，公司要我做什麼就做，不會就問，選擇用開放的心去面對每個任務，才累積出豐富的經驗，進而幫助到現在的自己。

　　當年讓我痛苦萬分的團購，如今成了我一半的收入來源，實在做夢都沒想過。或許真是「福忠字號 鹿野椴木香菇雞湯」開啟了一切的起點。（會有人在乎我當年賣的雞湯全名叫什麼嗎？我還是查了。）

踏入豪華又窮酸的直播圈

　　在電視圈的最後一年，正是直播開始在台灣盛行的時候，有叫賣海產的帶貨直播，也出現很多直播平台，越來越多人轉行做直播主。提離職後沒多久，碰巧在臉書看到一位前同事發徵才文，她到了一家直播 App，該公司準備發展內容產業，推出一連串直播節目，為此徵求節目企劃來上班。

　　文章裡員工福利寫得非常好，免費提供午餐、免費飲料、海外員工旅遊、健身補助、不用錢的販賣機、保證二個月年終獎金等。在電視圈待久了，我根本沒體會過什麼好康，總是無盡的苦哈哈。

　　一週只有一次錄影的免費便當，節目沒賺錢就沒有員工旅遊，販賣機當然要自己投幣，所謂年終，我甚至有拿過零點五個月，老闆還說：「今年不好意思哦……」的悲傷數字。

　　真的不想當苦瓜了，我把履歷寄過去，希望從此當個哈密瓜。

　　很幸運地，離開金星後，短暫休息一個禮拜，我就無縫接軌到新的直播公司上班，這才知道直播市場非常大，砸錢力挺

主播的金主很多，Donate 的金額是超乎想像，一小時送價值幾百萬禮物的大有人在。不只如此，在最鼎盛時期，公司幫直播主辦的比賽，是一場比一場還浮誇，地點選在全台最高級飯店，布置豪奢到宛如城堡，比賽獎品是什麼呢？是無人島一座、直升機一台、保時捷一輛。台灣的直播圈，曾經非常輝煌。

儘管如此，給員工的預算卻不多，我最期待的福利隨著景氣蕭條，逐年消失。曾經能遠赴夏威夷、拉斯維加斯的高級員工旅遊，我入職後一個月就取消了，之後幾年連國內旅遊都沒見過蹤影，尾牙最大獎從也第一年的一百萬，到後來變八萬，販賣機也開始限制額度，就連冰箱裡的免費飲料也是某一天就消失了。

幸好，直播節目的企劃比電視圈輕鬆許多，事前準備也更加容易。在這裡做節目，我們的來賓就是主播，公司主播非常多，這位拒絕，還有好多人想上官方節目曝光，我再也不用因為湊不齊素人，壓力大到睡不著。人手也變多了，在部門人力最充沛的時期，連節目小編都有專門一人在負責，VCR 不用自己拍，工讀生也請好幾位，我再也不用一人當五人用。

更讓人感動的是，終於不用超時工作。所謂直播節目，每次錄影就是當下開播一小時，不用後製剪接、不用加班錄存檔，

宛如奇蹟般，常常晚上九點就收工。平常不需要錄影的日子，更是能像個正常上班族一樣，六點準時收包包離開，出社會多年的我，第一次體會到什麼叫下班約朋友吃飯。換了公司後，我開始有很多自己的時間，可以早早回家開直播跟網友互動，有更多心力經營 IG，遇到一些很零星的業配邀約，我終於有辦法答應。不只收入慢慢增加，粉絲也變多了，這都是原本做電視，根本沒時間，也不可能做到的事。

好景不常，當我正享受著久違的清閒，公司宣布要把節目做大，開始籌備專門邀請歌手、演員宣傳的娛樂節目，和大型選秀節目。為了迎接新節目，並配合有限的預算，我們搬到一個非常老舊，已經鮮少製作單位會在那邊錄影的攝影棚。

到底有多老舊呢？在這座攝影棚，地板總是滲水、冷氣常常不冷、燈關了重開要等十分鐘才會亮、儲藏室的道具更是放了十幾年沒人清掃。環境也十分陰森，除了藝人錄影不敢去上廁所，工讀生不敢一個人去地下室找道具，幾位有靈異體質的來賓，也都對這裡反應特別大。直播主打嗝不停說自己被附身，同事渾身不舒服，放假去收驚，還有人彩排完，立刻潑聖水淨化現場，可說是一個刺激又荒謬的場所。

製作直播節目的這幾年，好險我沒目睹過任何恐怖現象，

不曾身體不適，卻也在這個殘破不堪的攝影棚，經歷我職涯以來，最痛苦、嚎啕大哭最久的一件事。

差點變成捏麵人

好多事情都是進了這一行，才發現：咦，怎麼跟想像中的不一樣。被傳有大頭症的女明星，本人其實很親切；來賓吃得津津有味的美食，味道讓人皺眉頭；電視上光鮮亮麗的攝影棚，現場其實殘破不堪。

製作《康熙來了》的那幾年，我便屢屢被電視台的家具有多破舊嚇一跳，個個都使用多年，極少換新，規格完全不像全台收視第一的談話節目。攝影棚的地板滿是髒污、刮痕，從攝影機拍不出來，到後來已經人人發現，甚至常有觀眾留言：「《康熙》到底什麼時候要換地板？」此外，來賓坐的椅子也不盡理想，每三張就有一張升降壞了，不能調高度，只能將就著坐。主持人面前的長桌更不用說了，早在二〇〇四年節目開播後沒多久就存在，歷久彌新地一路使用到節目結束的那天。

看著越來越多張椅子被貼「故障」紙條，我們跟公司提議過：「可以買新椅子嗎？地板是不是要換了？」但節目預算真的不多，光是發明星、素人上節目就沒錢了，每次有剩餘的錢，我們只能換一小部分的家具，最後在電視上呈現的樣子，就如

你們所見，窮酸又惜福。

轉戰直播公司做節目後，我以為會是不同光景，沒想到公司給內容部門的預算依然不高，最終只能在破舊的攝影棚錄影，每當冷氣又故障，我們安慰彼此心靜自然涼，發現道具間有老鼠屎，我們拿起掃把掃乾淨，騙自己這裡才沒有老鼠呢！彼此卻稱道具間為「米奇妙妙屋」。

苦中作樂的我們，自封「苦瓜 Team」，LINE 群組還取名為一部經典的日劇名《阿信》，這部劇講述一個女人為了生存掙扎、奮鬥、創業的故事，跟我們的工作還真像，也是在攝影棚裡掙扎且奮鬥著，並且在我身上發生一件真的好苦的事。

那天是個尋常的錄影日，棚內主持人正在訪問直播主，我和同事們坐在場外看著節目，隨時監督狀況，幫忙遞道具、播放大字報等。當晚節目相對簡單，我看著台上發呆，一邊在想待會收工要吃什麼宵夜，沒想到，我坐著的高腳椅突然粉碎，發出了宛如打雷的巨大聲響，我就這樣一屁股跌坐到地上。

瞬間，主持人、來賓、攝影師大家都轉過來看，有些人哈哈大笑，有些人露出傻眼神情。現場直播讓一切狀況都無法被剪掉，就這樣播了出去，主持人嘻笑的同時，還一度要攝影機

趕快轉過來拍我，捕捉這丟臉的畫面。

　　幸虧製作人、我的好朋友劭中幫忙阻擋，他喊著：「不要拍！不要拍！」一邊跑過來問我有沒有怎麼樣。人生第一次遇到這麼丟臉的事，我整個人傻住了，看著椅子碎成一片片，只剩一個鐵桿立在哪，真的好糗啊，糗到沒有勇氣站起來離開。我選擇繼續坐在地上，假裝什麼事情都沒發生，催眠自己，我只是不小心路過，想在這邊休息一下而已，非常的鴕鳥心態。

　　羞愧的心情延續到節目結束，直播一關掉，熟識的主播跑來問我屁股有沒有怎樣，攝影師也安慰我這椅子放在攝影棚十幾年，已經整張都是鐵鏽，會破掉很正常。我只能講一些笑話，迎接每個人的關心，就像小時候遇到糗事一樣，搞笑是最好的解決方式，它不一定能逗笑別人，但能安撫自己。

　　終於等到大家都離開了，身邊只剩下熟悉的同事，我們又聊起椅子事件，我突然悲從中來，也卸下心防，

捏麵人事件後崩潰大哭。

大叫一聲：「好恐怖！差點變成捏麵人！（一屁股坐在鐵桿上很像捏麵人）」接著開始嚎啕大哭，完全停不下來，我覺得自己好丟臉，也被這恐怖意外嚇到。

　　一直隱忍的感受，在那一刻釋放出來，因為我哭得太傷心，最後連一旁的勁中都鼻酸。

　　從小到大，因為體型關係，我一直都很注意椅子牢不牢固，深怕電影《情人眼裡出西施》女主角在大庭廣眾下把餐廳椅子坐壞的場景，有天會發生在我身上。因此每次坐到晃晃的椅子，我都立刻換掉，若沒得換，我寧願站著，也不拿面子開玩笑。這樣小心過日子，提心吊膽幾十年的我，最終還是被老舊攝影棚的古董椅子搞到摔個狗吃屎。

　　從事幕後，是一個壓力很大的工作，有無數同事在位子上崩潰，被製作人罵哭，我還看過通告一邊流淚一邊跟經紀人講電話。但我一入行就告訴過自己，工作是自己選的，絕對不要為此而哭，不要展現脆弱的一面，就算被製作人罵、被主管陷害，我從不掉淚，也不把負面情緒帶給家人，很堅強地撐過所有起起伏伏。

　　萬萬沒想到，最後是「捏麵人事件」讓我在攝影棚流了最多淚。

再給我一次機會，我一定要求公司全面換新椅子，休想叫我坐那個破爛高腳椅！

親愛的鬼哥

一開始在直播公司做節目時，公司想要推廣自己的主播，因此不管任何類型的節目，主持人、來賓一律找有在開播的直播主。他們大多是素人，沒接受過專業訓練，節目相對簡單，但也侷限地只有 App 用戶收看，完全推廣不出去。為此公司規定要開始把節目做大，讓更多人認識我們的直播 App。

公司決定推出《趣你的娛樂》，一個在 App 和臉書粉專播出的直播娛樂節目，每週邀請發片歌手、新戲劇組進行專訪和遊戲，一來宣傳明星們的新作品，二來繼續推廣直播 App，我就是在那個時候認識小鬼黃鴻升的。

坦白說，在合作之前，圈內一直有流傳他不是很好搞，沒叫他一聲哥，他會不爽等謠言，記得節目首錄前一晚，製作人劭中還壓力大到失眠。沒想到開始合作後，才發現他就像個大哥哥一樣，無論檯面上、私底下都非常地溫柔，他待工作人員有禮貌，對所有探班，陪他上班、下班的粉絲都很親切。

錄影時，他常常忘記遊戲規則，但只要是來宣傳的歌手、演員，鬼哥一定用心訪問，讓這些新人有更多曝光的機會。合

作的那一年多，我對黃鴻升大大地改觀，多希望能一直跟他工作下去。

和小鬼合作。

不料世事難預料，以前做節目只看收視率，反正有觀眾看，在排行榜上名列前茅，哪怕一直做重複的主題，節目還是能長命百歲。後來在幕後待得越久，才發現一切沒想的那麼簡單。節目的進展，可能取決於長官的喜愛，也與是否有帶來收益息

息相關。《趣你的娛樂》做了一年多，經歷改版、換主持人，最後還是被公司判了死刑，宣布因預算關係，節目需盡快停播。

當鬼哥和經紀人一知道這件事，他們主動提出「願意降主持費，換取節目存活」。那個主持費之低，完全不是他應該拿的價碼，我們聽了也覺得很不好意思、很抱歉，也希望公司會因此讓《趣你的娛樂》延續下去，沒想到長官依然不讓步，最後節目還是停了。

鬼哥他們雖然有些無奈，卻不只一次表示沒關係，甚至講過很多感性的話，當年在他事業比較低潮，手上沒有任何主持工作時，是我們公司先遞出了橄欖枝，讓他又重新回到大眾視野。連帶後來工作也更加順利，還擔綱《綜藝玩很大》主持人，再次入圍金鐘獎。最後一次錄影那天，鬼哥說過，雖然節目告一段落，我們以後還是能聯絡，大家都是自己人。

過沒多久，他便招待我們整個小組，到他私下最喜歡、最常出沒的餐酒館吃飯，一夥人在酒吧裡聊了一個晚上。鬼哥比平常更親近，任何話題都侃侃而談，講了好多笑話，直到同事欣欣喝醉，一個人跑到廁所變成嘔吐噴泉，聚會才匆忙結束。他真的很溫柔，在巷口等我們每個人叫的車都到了，人上車了，才跟經紀人回家。

聚會結束後，鬼哥甚至追蹤了我的 IG，有時還會在貼文底下留言，對我們的關心並沒有因節目沒了就斷掉。更令人驚訝的是，我們的工讀生曾向鬼哥的經紀人聊到自己未來想從事相關工作，經紀人便約了碰面說可以聊聊看，還帶著鬼哥，一起給工讀生妹妹許多建議。

小鬼黃鴻升耶？連節目工讀生都這麼照顧嗎？沒錯，他就是這樣的人。

我想這也是為什麼他的離去讓人這麼難受。

節目停播後四個月，一個再尋常不過的下午，我和同事正在公司上班，用著電腦準備當週的節目，劭中突然臉色大驚，轉頭跟我說：「小鬼死了！」我幾乎是一秒直接回他：「不可能！！」這個消息來得實在太荒謬、太突然，任誰都無法接受。我開始刷著臉書，想尋找一些蛛絲馬跡打臉劭中，跟他說是烏龍一場，是記者想要奪人眼球的假標題，映入眼簾的卻是各家媒體新聞快訊「小鬼黃鴻升驚傳家中過世 享年三十六歲」。

我真的不敢相信，聯繫了正在幫鬼哥做蝦皮直播節目的製作人，她也是心慌意亂，說自己聯絡不上鬼哥的經紀人，不清楚現在什麼情況，一切等到新聞曝光越來越多畫面、細節，經紀人站在鏡頭前接受採訪了，我們才確定這不是一場夢。

我的眼眶瞬間盈滿淚水，為什麼是他？太年輕，真的太年輕了，這麼好的人，正值事業第二春，明明一切都在越來越好了，他就這樣走了嗎？頓時公司也開始鬧哄哄，連其他部門的同事都在大聲討論：「小鬼走了！天啊！」那些熱烈的討論，聽在我耳中特別刺耳。

　　打開手機更是滿滿家人、朋友、網友傳來的訊息，我好想說些什麼，但真的太難受了，什麼都說不出口。

　　除了外公久病過世，這是我人生第一次經歷身旁的人離開，有好長一段時間，我每天睡前想到就會哭，對於這麼好的人英年早逝，有太多的不捨。我和同事去過鬼哥的靈堂兩次，靈堂布置得很溫馨，播著他的 MV，擺滿他才華洋溢的畫作，氣氛特別溫馨。親友們從一開始人人哭紅雙眼，到後來幾天，大家是坐在那邊有說有笑，聊著他的好，雖然再多不捨，還是慢慢接受了這件事，也開始用不同方法去紀念他。像是紀

和小鬼、凱莉合照。

念音樂會，好多歌手上台演唱緬懷他，我們也剪了支他在節目中的花絮，把他所有搞笑、溫柔的一面，讓更多人看到。

　　黃鴻升的離開，讓我震撼，也讓我學會珍惜。人生充滿無常，永遠不知道明天會過得如何，只能時刻珍惜身邊的人，記得表達對彼此的感謝，有天必須說再見時才不會那麼痛苦。

　　以前我們常在節目上設計橋段，讓鬼哥唱自己的歌，就連比較少人聽過的，我也背到滾瓜爛熟，播放清單裡存了好幾首。在他剛走的那一年，車子隨機播放到這些歌曲，一聽到前奏，我就立刻跳下一首，一秒都不敢聽。過了好久，現在的我已經可以跟著唱了。依依不捨，捨不得。

　　親愛的鬼哥，我們都很想你喔！

成為聲播主

二〇一七年，Instagram 宣布推出直播功能。當時我正在北京工作，生活只有同事，沒有朋友、家人陪伴，每天都過得非常無聊。我連上 VPN，翻牆到台灣地區，開始在 IG 開直播。

那時候，我還不太會打扮，衣服千篇一律挑寬鬆的穿，顏色永遠選顯瘦的黑色，我也沒有保養習慣，化妝同樣不拿手，我甚至上淘寶買眉毛印章，只會用蓋章方式，幫自己加上眉毛。

對外表沒自信的我，所有照片都必須找好角度、再大幅修圖，網路與現實落差之大，甚至被製作人問要不要參加「照騙單元」。我知道自己跟 IG 的美照有著天壤之別，自然不可能露臉講話。因此我當時的直播，總是躺在床上拍著天花板，講著工作瑣事，有時不小心轉到鏡頭，曝光面容，還會嚇得放聲尖叫。

我的直播，沒有任何畫面，只有暗暗的天花板，卻還是有人願意收看，從一開始少少的二十幾位聽眾，到後來變成四十位、五十位。我因為他們，越來越常開播，不僅打發許多時間，網友們也會留言分享台灣最近發生什麼事，讓離家很遠的我，心變得很近，沒有那麼寂寞了。

回到台灣後，工作更加忙碌，又有親友可以偶爾聚聚，其實已經沒那麼孤單了。但直播早成為我的興趣，我還是熱愛一個人在家開不露臉直播，有時分享生活趣事，有時大罵公司主管，更多時候其實沒什麼故事要說，單純開播跟網友閒聊，還是覺得很有趣。單身又獨居的我，透過手機鏡頭，和熟悉又陌生的網友一起消磨時間，慢慢累積固定聽眾，越來越多人喜歡聽我講話。

成為聲播主後舉辦粉絲聚餐。

而直播甚至也陪著我到了另一個國家，某年過年，我在交友軟體再度滑鐵盧，一個聊天超過半年以上的男生，突然說他交女朋友了。心情非常難過的我，決定遠赴他鄉散心，一個人飛去倫敦找朋友玩。朋友當時還在念研究所，很多時候都在上課，我就一個人搭著火車、轉了巴士，去倫敦各大景點走走。不管參觀維多利亞博物館，逛著波羅市場，我都會開著 IG 直播，網友就像是我的旅伴，陪我觀光，直播還順便幫獨旅的自己壯個膽，感覺比較不會被搶劫？

　　後來，我從金星換到直播公司上班，由於工作沒以前繁重，直播的次數越來越頻繁，幾乎一個禮拜會播五天，甚至每天都有網友傳訊息問我：「歐娜今天會直播嗎？有開的話，我要設鬧鐘。」讓我不敢休息。

　　播的主題也越來越多元。有時一邊做甜點，有時辦有獎徵答，不管是卸妝、吃晚餐、曬衣服，我把握各種瑣碎時間，透過鏡頭分享生活，總覺得自己比公司的直播主還勤勞。

　　有一次部門聚餐，有同事聊到，老闆最近要做一個聲播App，正在招募聲播主（不露臉的直播主），問有沒有人要推薦朋友，可以賺錢喔！當下，製作人立刻轉頭跟我說：「很適合妳欸！」說得也是，那麼常直播的我，雖然沒露臉，聽眾

還是有穩定增加，IG 又沒有 Donate 功能，我不妨轉去聲播 App，還有機會幫自己賺個外快。我立刻請同事幫忙牽線，聯繫上聲播 App 的窗口，成為該 App 草創期的聲播主，

配合規定，我一個月直播的時數拉長到二十小時，或許是大家已經習慣我的陪伴，很多網友都下載 App 支持我，雖然不是收到最多禮物的主播，但絕對是收聽人次的冠軍。原本不認識我的 App 用戶，也點了排行榜，被吸引進來，我的聽眾越來越多，在網路世界，得到很大的成就感。

從事聲播主大約一年的時間，看著不算豐厚的收入，我不只一次想要放棄。但為了回應聽眾期待，以及我已經簽約了（違約要罰很多錢哈哈哈哈），好幾次回家，哪怕再晚、再累，我還是打起精神，開始直播。皇天不負苦心人，IG 粉絲變多了，連破一萬粉絲的那天都是在開播發生的，此外，抖內收入也增加了，從一個月賺兩千

第一次辦網友聚餐。

塊，到後來變兩萬多，我終於可以開始儲蓄，生活更加無虞。

　　雖然身邊有人笑我每天直播是多閒，覺得我花太多時間在網路上，有時說我是網紅還帶點揶揄。但成就感及收入的增加，都讓我意識到努力是值得的，我決定花更多心力經營自己。後來，我辦了幾次見面會，也做紅包袋免費發給網友，又或是出了周邊，我做了很多一萬粉絲的小網紅，可能不會做的事情，但我做得很開心，尤其見到好多陪伴我多年聽眾的真面目，更是讓我充滿感謝。

　　因為生活太孤單，而開始的 IG 直播，是我變成網紅、Podcaster 的起點，我永遠感謝當年那二十位聽眾，是你們的熱情，讓我堅持到了現在。

自製紅包袋送聽眾（台中場）。

我是 Podcaster

　　擔任聲播主後，無數個夜晚在 App 裡度過，我參加線上比賽、線下實體活動，認識很多新聽眾，生活過得非常充實。開播一年多後，我決定告一段落，選擇回到自己的社群，不再被合約綁住。

　　離開 App 後，我有時在 IG、有時 YouTube 直播，收益變少了，熱情卻不變。每天下班回家，都會想起有一批聽眾正在等我，哪怕再晚、再累，還是馬上架好手機開播，繼續分享生活瑣事。當時，有不少網友提議：「歐娜，妳要不要乾脆開 Podcast？」但就如同先前所講的，我並不擅長剪接，工作也忙到沒空學新技能，就算各大 Podcast 正在台灣竄起，許多 Podcaster 成為新一代網紅，我都覺得那不關我的事。直播播得好好的，何必再跳去新的領域，我壓根不想離開舒適圈。

　　又過了一陣子，有天我和認識多年的網友嚴先生吃飯，我們聊起彼此的工作、最近的煩惱，就跟往常一樣。聊著聊著，他突然說了句：「妳就開 Podcast 吧！我可以幫妳剪啊！」當下我以為自己聽錯，嚴先生除了有正職工作，私下還是位歌手，創作多年、發過 EP，生活已經很忙碌，他真的有空嗎？最怕麻

煩也怕帶給別人麻煩的我，邊燙著肉片，邊再三確認：「真的嗎？你有空嗎？」他點點頭：「我認真的。」一直以來，讓我卻步，阻止我做 Podcast 的剪接問題，就這樣有了答案。

　　我開始著手籌備自己的節目，打算把平常的直播開聊帶去 Podcast，繼續以一人姿態主持。我上網研究要怎麼錄音、上架、節目封面尺寸等，再跟弟弟借了一支價值兩百元，他平常拿來玩《英雄聯盟》用的麥克風，偷偷摸摸地在房間進行我第一次錄音。一直以來，對於沒把握的事，我都不說死，習慣木已成舟，什麼事情都確認好之後再公布。所以，我完全沒有告訴任何人我打算做 Podcast 了，連自告奮勇要幫忙剪接的嚴先生都不知道，我已經下定決心，且正在執行。

　　萬萬沒想到，經過多年直播磨練，對口條非常有自信的我，第一次錄音就 NG 了三十幾次，有時吃螺絲，有時語塞，反正狀態超級糟！我不想有任何出錯，哪怕其實可以剪掉，我還是一次一次按下刪除音檔，重新錄音，刪除音檔，又重新錄音，整個人非常喪氣，滿腦子都想著：「我好可笑啊！還想錄 Podcast？根本錄不出來！」

　　錄到最後，我已經化悲憤為力量：「受夠啦！老娘今天怎樣都要生出一集節目！」為了克制自己再刪音檔，最後我逼自

己兩隻手放在背後，不準往前伸，終於完成第一集。二〇二一年一月十五日《紫砂歐娜》正式誕生。

　　節目推出後，網友都非常驚喜，那個總是大聲嚷嚷才不要做 Podcast 的懶豬豬怎麼回心轉意了。大家也很捧場地開始收聽、分享，讓《紫砂歐娜》剛推出就衝進熱門排行榜，被更多人看見。這是個鮮少有來賓，總是一人唱獨角戲的節目，主題也大多圍繞著自己，自顧自講了很多從小到大的故事，精彩嗎？好像也還好。

　　但我一直很感謝有這個管道，讓我的回憶被記錄下來，呈現了最真實的自己，當然也謝謝那位幫我剪接音檔直到現在的夥伴——嚴先生。

　　後來，劭中也找好友胤翔做了閒聊型 Podcast，兩人成績非常好，越來越多同事知道我跟劭中都有自己的節目，慢慢也傳回到以前播過的聲播 App 公司。他們決定邀請我和劭中做一檔聲播節目，每週三晚上九點準時開播，從兩位幕後人員的角度去聊娛樂圈話題，像是明星夫妻、星二代等，我們總是有說不完的話，把彼此、觀眾逗得很開心，節目迴響也很好，還曾經上過新聞。

　　好景不常，節目播了幾個月，聲播 App 表示預算不夠，打

和劲中參加第二屆 Podcast 風雲榜頒獎典禮。

算把節目收掉，還尷尬地問我能不能一個人繼續播，就像以前一樣。我好不容易有了自己的節目，也做得還不錯，當然不想再回到以前被合約綁住的狀況，我婉拒他們，並有了其他的想法。我決定把跟劲中的好默契延續下去，主動問他：「我們要不要一起做一個專門聊娛樂新聞的Podcast？」他毫不猶豫立刻答應，這就是《愚樂百昏百》誕生的過程。

由於更有主題性，又是普羅大眾最愛的八卦類型，《愚樂百昏百》才上架第一集就非常轟動，破天荒地空降熱門排行榜冠軍，隔年還入圍了 KKBOX Podcast 風雲榜「最佳新進節目獎」，可說是比我們個人節目發展得還要好。目前做不到一百集，累積收聽次已突破四千萬了。Podcast 為我帶來名氣、收入，

讓人生迎來很大的轉變。

　　以前別人問我什麼工作，我總難以啟齒自己是網紅，想說沒什麼特殊才藝，長得也平凡，粉絲又不多，只怕講出來會讓大家滿頭問號。但現在我有兩個很受歡迎的節目，走在路上常有聽眾打招呼，有人表示自己每天聽著入睡，拜託我們不能停更，有人說他的小孩天天哼著節目片頭曲，才三歲就嚷嚷著要聽歐娜。

　　我想自己終於可以大聲地說：「我是 Podcaster ！」

七世夫妻還是冤家

潘劭中是我面試《康熙來了》時遇到的第一位同事，第一次見到臭臉的他，其實不太順眼，誰知道後來關係那麼密切（為什麼要放歌詞？）。

我們一起做了電視節目、飛去北京打拚，前後從製作公司離職，轉換跑道去直播節目，又雙雙再離職，各自做自媒體。出社會後，我經歷的每一件事、高潮低谷、每個決定他都全程參與，是我職場上最好的朋友，現在也是 Podcast 節目《愚樂百昏百》另一位主持人，我的搭擋。這篇，就來講講我和劭中的故事。

室友劭中

一開始，我覺得劭中很難相處，上班面無表情，講話苛薄、直接。記得我入職沒多久，有一位男同事也來報到了，這位新人個性活潑、

完全不怕生，每天都穿著花襯衫上班，用心打扮。結果兩天後，劭中劈頭就問對方：「你一定是 Gay 吧！」現場請人出櫃，著實嚇了我一跳。但他的言談中，也時常帶著幽默，讓身為新人，還不敢跟大家講話的我，總能會心一笑，我決定要跟他當朋友。

由於劭中座位就在我旁邊，當時我最常做的一件事，便是轉頭跟他說：「我想跟你分享一件無聊的事。」有些是生活趣事，有些就是真無聊的瑣事，劭中這才發現安靜的我怎麼滿好笑的？慢慢地我們距離拉近，越來越熟，開始一起買午餐、點心、晚餐，半夜再一起加班，大講垃圾話互相激勵。電視圈的工作沒日沒夜，很少放假，在密集的相處之下，我和劭中成為形影不離的朋友，就算兩人的個性天差地遠。

他外冷內熱，喜歡插手每個人的事，叫自己管家婆，我外熱內冷，平常只在乎自己，相對冷漠。他是比我大七歲，工作經驗豐富的小主管，我是非本科系，剛出社會的新鮮人，種種的差異，讓我們很快就有了磨擦。

有一次同事負責的主題出紕漏，劭中提議要我跟對方交換，讓我去接手爛攤子，當時我已經在著手原本的主題，不滿為什麼衰事總降臨在我頭上。想到又是我要找最多素人，又是我要對稿對到天荒地老，我無法克制自己的怨恨，一整天都對劭中擺臭臉。他看到後很不高興，就這樣冷戰了好多天，最後他傳

了千字文分析爭執原因，這才和好。

　　後來，不管是外派到北京，或去做直播節目，我們也經常意見不合，對節目內容、管理工讀生、賽制設定都持相反意見，什麼都可以吵，吵個沒完沒了。記得在北京同居時，是兩人友誼最瀕臨絕裂的時候，當時工作偶有摩擦就算了，回家還要繼續相處，簡直是相看越討厭。上班搭車不說話，每天一進門也是回到自己的房間，相敬如賓，我明白友誼出問題了，但我怕尷尬、不想處理，對他的怨念越積越深。有天半夜，劭中突然走進我房間，說想要談一談，談著談著，最後他認真地告訴我：「我不是妳的破皮鞋，想丟就可丟在一旁。」這誇張的比喻讓我笑了，也更能冷靜地討論我們的狀況，感情又恢復以往。

　　透過多年經驗，我得出一個結論：「千萬不要跟朋友一起工作。」很少友誼經得起職場的現實，繼續耗下去，只怕累積更多解不完的心結。一起當同事七年後，我決定離職，專心經營自己的 Instagram 和節目，那一刻心情真的好放鬆，既高興自己離開疲憊的工作，也慶幸劭中終於不是我的製作人，除了更能自在相處，未來見面頻率減少，吵架機率想必也會降低。

　　不料一起開了《愚樂百昏百》的 Podcast 後，另一個惡夢

開始了。我們再次成為同事，意見永遠相反，我追求節目起步就要有好音質，希望去錄音室錄音，他覺得節目才剛開始沒賺錢，一切從簡就好。聊天內容也因開始有人收聽，變得綁手綁腳，很不順暢，無法展現默契。《百昏百》的前十集，我們幾乎是每集錄完都在吵，我也無數次在電話裡大哭，好幾次都覺得即將失去這個朋友，更覺得我好不容易讓彼此不再是同事，又自己找他搭擋，真是蠢斃的想法！幸好我和劭中都能理解對方是為節目好，兩人的心智也更成熟，知道友誼比工作重要多了，我們又迎來第 N 次和好。

認識劭中後，我們幾乎都在同個節目工作，很多回憶是連在一起的，就連離職了，也是繼續綁著做 Podcast。我們都沒想過可以在職場交到這麼要好的朋友，如此深厚的緣分，我常用「七世夫妻」來形容，覺得兩人就像認識七世一樣，特別熟悉，我們就像夫妻一樣吵吵鬧鬧，也曾差點分道揚鑣，最後還是找到相處的方式，延續了友誼。聽眾常問說：「為什麼你們兩個這麼有默契？」這是經歷一百次吵架才能熬出來的感情。親愛的劭中，你當然不是我的破皮鞋。

　　以前在做電視節目，我簡直不修邊幅到了極點，每天隨便亂穿，反正衣服有洗過就好，也完全不在乎健康，每天盡情享用美食，安撫被苦瓜工作折磨的心靈。劭中熱愛拍照記錄那時的我，拍我在睡覺、拍我買麻糬、拍我狂飲手搖，當時我好討厭鏡頭下的自己，討厭宛如狗仔的他，更是不可能轉發那些醜照。不料，多年後我出書了，這本書回憶很多往事，需要各個時期的照片來輔助說明，謝謝潘姓攝影師的紀錄，成全了現在的我。

網紅的代價

　　我花了好多年才擺脫苦瓜上班族的身分,開始做喜歡的工作,幫自己賺錢。我幸運地被網友們喜愛,成為許多人口中的「網紅」,生活不再辛苦,嘗到越來越多甜頭。但人生豈能一帆風順?驚濤駭浪的無情拍打,讓我差點被淹沒在網路世界裡。

　　剛開始經營自媒體時,粉絲不多、業配又少,我總稱呼自己是「小眾網紅」、「奈米網紅」,走在路上鮮少被認出,也不曾在 PTT、Dcard 被大家討論,我一直覺得自己是個很偏門的存在,沒想過有一天要專職做網紅。直到後來主持兩個 Podcast 節目,有了正式的作品,這才逐漸累積起粉絲,從幾千人爬到幾萬人。無論現實生活還是網路上,越來越多人認識我了,經常有人表示支持、為我打氣。工作也越接越多、越來越順,業外收入慢慢超過了正職。

　　我真的好幸運,原來世界上還有一份工作,比做節目更能讓我得到成就感!

　　但是,這一行帶來的壓力,同樣超乎我的想像。有很多人喜歡我,就有很多人討厭我,過去偶爾會在 Instagram 收到一

些謾罵的訊息，大多直接封鎖、選擇不看，我也就沒事。有了
Podcast 後，一切都不一樣了，聽眾可以自由地在節目評論區，
匿名寫下對我的想法，有些是值得吸收的建議，有些是針對身
材、長相的恐怖謾罵，氣得親友好幾次想報警。一開始，我非
常無助，不懂為什麼這些人不喜歡我還要收聽？不認識我就可
以大肆羞辱？每次打開評論區，都是個煎熬，我卻不想饒過自
己，非常在意網友今天又說了什麼。我瘋狂地每天打開 Podcast
評論區刷新、刷新、刷新，一再確認有沒有新的人討厭我，直
到後來發現自己的行為已經陷入病態，走火入魔地每天檢查十
幾次，這才終於刪掉 App，讓我好過點。

　　沒想到，過了一年後，又在大受年輕人喜愛的網路論壇
Dcard，遇到另一個風暴。當時那篇文章在討論團購網紅氾濫
的現象，過去經常開團的我，自然遭受到猛烈批評，有人覺得
我顧此失彼，Podcast 節目不夠用心、變難聽了，有人說我跟以
前不一樣，現在只想賺錢，讓他感到非常噁心，因此由粉轉黑。
　　文章剛出來的那一天，留言排山倒海，就算不想看，也一
堆人傳給我看。那一天我什麼事都沒做，閱讀著每一條留言，
看完一條，又有新的一條，我繼續看。內容雖有好有壞，在我
眼中都是壞的，有想過要不要刪掉 App 別看了，很遺憾地根本

123

做不到，我把自己關在房間裡，一下大哭、一下生氣、一下反胃想吐，第一次覺得自己好像快崩潰了。我反覆看著文章直到深夜，被別人厭惡、討論的感覺，讓我痛苦地難以入睡，僅睡了一小時便驚醒，嚇醒後還開始心悸，人生第一次感受到心臟跳得飛快、呼吸困難，卻忍不住再次點開 Dcard。

幸好，我並不是一個人面對，事件發生的當下，有非常多人陪伴著我。家人的開導，男友幫忙想解決之道，收件匣更有無數網友的打氣訊息，讓我在一天之內快速走出憂鬱情緒，並決定重新審視自己，立刻做出改變，不再讓支持我的人感到失望。隔天，先是開直播回應網友，針對做不好的地方一一道歉，接著聯繫剪接師，製作新的片頭音樂，並增加 Podcast 主題和集數，減少團購、業配等。空出來的時間，則拿去報名不同單位的志工，讓生活更加豐富充實，再把志工故事放進節目中，散播公益資訊給更多人知道，發揮小小的影響力。

經營自己一段時間了，我真的非常喜歡「網紅」這份工作，時間彈性、工作有挑戰性、收入好，還能同時被大家喜愛，我真的很幸福。但「網紅」卻也帶來不少代價，名氣讓我被大眾檢視，承受更多批評，有時還連帶讓身邊的人一起遭殃。好幾

次被打擊到什麼都不想要，只想關掉社交平台，隱姓埋名地過日子。但我知道關注也是督促的力量，因為有你們，我才更有動力前進。有時想偷懶不錄音，會想說不行，有聽眾在監督，我必須提升作品。有時想偷吃零食，我也會想說不可以，要減重給大家看，我要當勵志冠軍。

　　看到這邊的你，請問追蹤我多久了呢？

　　無論時間長短，誠摯感謝你的陪伴，讓我生活有了目標，一切越來越好。

四

您好，我是紫砂歐娜

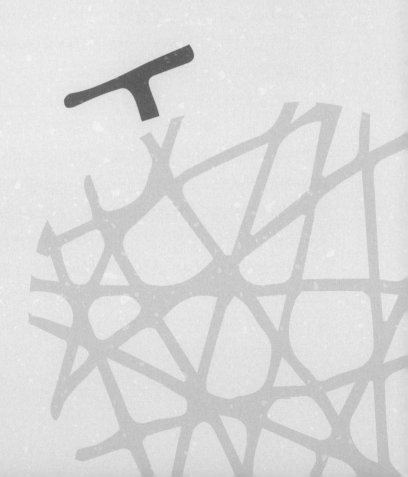

第一個暗戀

　　大家是在人生的哪個時刻，開始意會到「這就是愛情」？

　　我很早熟，第一次覺得自己喜歡一個人，是小學二年級，從公立國小轉到天主教小學，在班上看到同學D先生的那一刻，我眼睛瞬間發亮，只因為他是全校最帥的男孩。他的帥非常好理解，陽光、愛打籃球、皮膚黝黑、高挑（可能一百四十五公分？當時在同儕間很高了！）小時候我就是個外貌協會，身為胖妹還是愛帥哥，我展開了多年的暗戀。

　　我們家和D先生一家都住學校附近的某個社區，那個社區很大，有A、B、C棟，總共超過一千戶。我跟他不只是同班同學，還是住在同一棟的鄰居，親上加親，非常幸運。那時他住在比較高的樓層，我每天早上走出家門後，第一件事就是站在電梯前面等待，等待電梯正巧上升到他家的樓層，我就會趕緊按下樓鍵，有極高機率我們能搭到同一部，為一天開啟美好序幕。

　　以現在的角度來看，我算是一種私生飯吧？簡直和跟蹤偶像的瘋狂粉絲沒兩樣，不知他有沒有困惑過，怎麼跟我如此有緣，每天一起上學，其實緣分都是八歲的小歐娜製造出來的。

　　當時學校是每兩年就要進行分班，把所有學生打散後重新

分配，我轉進去是二年級，共經歷兩次分班。每次分班，我不在乎班導是誰，也不在乎會不會跟朋友分開，我只求跟！他！同！班！還記得學校是開學日才公布新的班級名單，每次開學前一天，我都會先禱告一次（由於念天主教學校，我的專長是禱告），隔天再抱著忐忑的心情上學，很幸運地，每次布告欄上，我跟 D 先生始終同班，不曾分開。

　　私下做了許多古怪行為的我，平常生活卻很害羞，從不表現出我對他有意思，更別說告白了。我每天費盡心思跟他一起單獨搭電梯，搭了好幾年，連句早安都沒講過，可說是白搭。印象中最親密的關係，是一起被選上當正、副康樂股長，體育課時要一起站在前面帶操，當時的我覺得很幸福，幻想我們是神仙眷侶，結果五年級就轉學去台中了。我人生第一個暗戀完全沒開花結果，只有很多糗事可以繼續講。

　　那時班上還有兩個女生也是鄰居，我們三個女生感情非常好，放學常去對方家寫功課，有時還會留下來吃晚餐。有一次她們提議，要不要去 D 先生家玩，我聳聳肩表示都可以，內心其實在瘋狂嘶吼：「快點出發！我要去！帶我去！」非常期待。

　　不料按了電鈴後，開門的不是他，是他媽媽。阿姨表示兒子出門打球了，客氣地要我們坐一下，搞不好他晚點就回

家。他們家有養一隻狗，見到三個陌生女孩來作客，衝過來一直狂吠，我從小就很怕狗，路上看到狗還會繞路走。當下不管三七二十一，我立刻站在沙發上，嚇得一直狂跳，阿姨見狀立刻叫我下來：「欸！沙發會被妳跳壞！」這就是我第一次去他家作客的回憶，沒見到本人，只在他媽媽心裡留下一個兒子的胖同學差點把沙發跳壞的印象，真是糟透了！

還有一次美術課也是讓我難忘至今，那堂課要 DIY 手作一個筆筒，我做了一個機關很多的筆筒，下課前突然心血來潮，想說我的筆筒如此複雜，不如藏一個小祕密在裡面，一定不會有人發現。

我找了一張紙條，在上面寫「我喜歡 D 先生」放在筆筒深處，就像在祈福一樣。結果下課時，有一群女同學來跟我聊天，順便翻我的筆筒，其中一位突然找到紙條朗讀：「我喜歡 D 先生……蛤？妳喜歡他？！」我真被自己的愚蠢嚇到，立刻瞎掰：「沒有啦！前幾天聽到誰喜歡他，想說寫下來怕忘記，本來就要跟妳們講了。」

不知道是同學太單純，還是覺得無所謂，她們看起來是相信了，當下我覺得自己好機靈啊！反應真快，其實並沒有！

現實生活碰壁，網路上也是不如意。

130

二十多年前，每個人家裡電腦還是 IE 瀏覽器，設定的首頁大多是「Yahoo 奇摩」。當年這個入口網站含括所有功能：家族、知識＋、網路交友等，對小學的我而言，Yahoo 是最偉大的發明，任何事情都能在這裡得到答案。

　　其中最讓我流連忘返的就是「Yahoo 聊天室」，以前聊天室真的很流行，在那裡有各式各樣的主題房間：星座、地區、國中生專屬、四十歲專屬等，我點進不同房間，謊報著年紀，假裝自己不是小學生，到處跟陌生人聊天。

　　有一天，我在星座房看見了熟悉的帳號，是一個英文名字加上生日，D 先生的名字很特別，生日幾月幾號我更是刻在心中。一邊想著不可能這麼幸運，一邊壓抑興奮的心情，立刻傳了私訊過去，我小學就很有心機，簡單幾句套話，我確定他就是我暗戀多年的鄰居沒錯。這不是緣分是什麼？我們住同個社區、念同一班、現在還進了同個聊天室聊天，簡直像是綁了紅線一樣，密不可分。我每一句都聊得好小心，深怕身分曝光，結果對談不到二分鐘……聊天室出現一排字「×××已離開聊天室」，紅線斷了嗎？還是網路斷了？

　　後來真的是斷了聯繫，因為爸爸工作調職關係，小六那年我們全家搬到了台中，只有過年才回台北，過幾年 D 先生出國念書，我再也沒看過他。

您好，我是紫砂歐娜

沒想到十幾年過去，機會又來了！最夯的社群變成「Facebook 臉書」，大家開始用臉書尋人，找青梅竹馬、失聯的同學，我當然也是。很幸運地一個連一個，我馬上就找到 D 先生的臉書，卻沒勇氣加好友，長大又更胖的我，他真的認得出來嗎？這個加好友的動作，我猶豫了非常多年。

　　直到開始會打扮，工作有點小成績，臉書粉絲變多，膚淺的我才終於送出好友邀請等候著回音。一切就好像回到小時候，那個站在布告欄前面，期待自己跟他被分到同班的我，他會按下確認嗎？該怎麼自我介紹呢？我內心波濤洶湧。

　　我猜是因為有幾個共同好友的關係，D 先生隔天便確認邀請，三天後我還來不及瀏覽這幾年他做了什麼事，他又把我刪除好友。

　　終於明白了，暗戀對我來說，就是讓人生不斷經歷空歡喜，最後留下可笑故事講給大家聽。

母胎單身

「母胎單身」這個詞到底是何時開始流行呢？只知道當它出現時我嚇壞了，簡直無法接受除了「胖子」外，我難道又要被貼一個標籤了？！

是的，我直到二十九歲才開始談戀愛。

但我卻一直嚮往著愛情，小時候看偶像劇，國中看網路小說，高中追韓劇，我總幻想自己是女主角，期待有天能遇到白馬王子。

記得每次升學，無論進了國中、高中，我總忍不住暗戀某位同學，有時是最會打球的人，有時是全校最帥的那位。害羞的我，會試著跟他們當朋友，期待更多互動，想著會不會哪天這些耀眼的男生，可以看見胖妹的好，最後當然是想太多。此外，我也很容易走心，生活中只要有個人對我比較友善，就忍不住小鹿亂撞，這二十多年來，也不小心喜歡上幾個男同志，最後變成好姐妹，我到底在幹嘛？

總之，從十五歲到二十八歲，每年過生日，只要許到第三個願望，我都會雙手合十、畢恭畢敬地在心裡喊話：「希望今

您好，我是紫砂歐娜

年可以交到男朋友。」

從學生時代到出社會，我最大的願望始終如一，每年都在祈禱要脫單！要脫單！話雖如此，我同時也對自己極度沒自信，我的打扮邋遢、我的身材非主流、我自己都不喜歡自己，又怎麼可能會有人欣賞我呢？每次許完願，我其實也知道今年這個願望還是不會成真唉！

慢慢地，我開始習慣自己就是朋友圈那個唯一單身的人，姐妹帶另一半出席聚會時，你儂我儂地聊天、夾菜，我旁邊的椅子永遠是放每個人的包包。週末可以約出去的朋友越來越少，一個人看電影、吃飯的頻率成了日常，我越來越習慣一個人。

此外，母胎單身還經常讓我覺得矮人一截，當姐妹們聊起一些感情話題，想跟著加入討論，總被一句：「妳沒交過男朋友的，不懂啦！」阻止我發言，心中有些錯愕，但也不得不同意，我的確不懂。

為了彌補內心的缺口，我開始滑各式各樣的交友軟體，每天下班回家，就算再累，我還是會上網跟陌生男子聊天，有時講電話、有時打字，聊到彼此沒話聊了，OK再換下一個。我其實不相信網路上可以尋得愛情，更何況是如此平凡的我，那些對話純屬打發時間，也是填補空虛，我覺得自己好像沒那麼

孤單了。

　　後來到北京工作，鮮少朋友的我更無聊了，我又開始滑交友軟體，並在上面遇到一位非常健談的人，橫跨兩岸距離，跟他分享生活成了習慣，我每天和他講電話，整整講了半年不間斷，最後暈船到不行，喜歡上電話那端的人。但我的暗戀從來沒有結果，也不敢做任何表示，後來他有次透露自己快交到女朋友了，我才立刻清醒，自己只是個健談的小丑，我從獨角戲的舞台迅速退場，重新載回軟體，繼續找下一個排解寂寞的對象聊天。

　　在網路交友載浮載沉幾年，也落空多次，後來我終於認清不要再浪費時間，半夜跟陌生人講電話了，他們到底是誰？又何苦走心？我選擇改在 IG 開直播，跟喜歡我的網友對話，當時收看的人數不多，大家每天集合聊天，對彼此越來越熟悉，我換個方式，讓自己不再孤單。也因為開始經營自媒體，生活越來越忙碌，我有正職、直播，還有零星的業配找上門，事業慢慢發展起來，愛情卻離我越來越遠。

　　又過了一陣子，某天和閨密閒聊，她說自己有個朋友擅長靈魂透視、催眠，可以透過照片看一個人這輩子的姻緣。在她眼中，如果這人有一個正緣，她會看見對方頭上浮現大圓點，

如果是不重要的桃花，那就是小圓點，一切聽起來非常玄。

　　閨密講完故事後，就問我有沒有興趣給這位療癒師看，她覺得很有趣。我從小就鐵齒，極少算命，不相信星座，如果不是家長要求，更是懶得去廟裡安太歲。聽到朋友推薦，我半信半疑，一方面好奇療癒師究竟會說什麼，一方面擔心如果對方看完我說：「妳這輩子會孤老終生喔！」我該怎麼辦。

　　決定確定要嘗試靈魂透視後，療癒師先去滑了我的 IG，瀏覽一輪照片，沒過多久便傳來以下分析：「感情方面，我看到可能明年初，會有一段穩定的關係出現，很大的機率會走一輩子。」她甚至簡單形容了對方的長相，是個中分黑髮，留著鬍子的木訥眼鏡男。

　　當下我實在覺得太荒謬了，怎麼可能啊？我不只身邊沒有這類型的對象，生活沒機會認識男生，我已經單身二十九年，有可能幾個月後就突然脫單嗎？更別說當時是我人生體重巔峰，這不可能的。

　　但這次，我猜錯了。

　　隔年我真的交了男朋友，我和一位經常收聽我直播的網友在一起了。

 歐娜悄悄話

　　雖然交往時間是正確的，長相卻沒有符合原本的預測。男友戴過眼鏡，但已經做完雷射，頭髮不是中分，個性一點都不斯文，有夠愛講話的。

　　另外療癒師其實還有預告我大概會幾歲結婚，但本人實在太怕不如預期，這個小祕密就讓我留在心中吧！未來如果又被她說中，我一定會跟各位報告！

137

您好，我是紫砂歐娜

當聽眾成了男友

二〇一九年我開始在聲播 App 開播。

離開熟悉的 IG，我嘗試在新平台增加曝光度、累積更多想聽我說話的人，那裡的環境也確實大相逕庭，過去我的聽眾是女生和 gay，在聲播卻多了不少直男聽眾，我也努力地分享生活趣事，帶給大家快樂。

「哈囉！我是歐娜，請左上角按追蹤！」每當又一位路人進來直播間，我總是不忘記把握宣傳自己的機會。慢慢地，不只原本就有在收聽的，連一些新加入的聽眾，我也記下暱稱，越來越認識大家。有專長是摔角的女大生，開服飾品牌的老闆，或是住在美國的工程師，大家平常走在路上都是陌生人，在直播間卻成了朋友，會跟彼此打招呼、說聲晚安。

辦過幾次見面會後，還有一部分網友進階成現實中的朋友，私下約聚餐、出遊，一切都讓我驚喜又感恩，特別感謝這些緣分。緣分讓大家變朋友，但我從沒想過，緣分有一天還會讓我自己跟聽眾談戀愛。

那位住在美國的工程師，起初不認識我，也不是為了我下

載聲播 App，而是想收聽同樣也開播的《青春點點點》主持人
——馬克和瑪麗的直播。他碰巧看到正在直播的我，好奇地點
進來，才順便成為我的聽眾。他說，我特別不一樣，對比其他
娃娃音，動不動就撩男聽眾的直播主不同，我一直嘰嘰喳喳地
講話，讓他收聽起來特別自在。後來換到 YouTube 直播，我對
工程師的印象又更深了，因為他超常在開播當下 Donate 鼓勵
我，幾乎是只要有出現，就一定會 Donate。雖然金額不大：五
塊美金、十塊美金，但都伴隨一句鼓勵：「歐娜加油」、「謝
謝妳帶給我的快樂」，讓當時對未來徬徨，不確定要不要認真
做自媒體的我，特別感動。

　　但我們私下並沒有任何互動，僅僅是主持人及聽眾的關係，
由於每天的訊息很多，我有時甚至會已讀他的留言，直接按個
愛心表示感謝。

　　幾年後，我在交友軟體再次觸礁，不知道為什麼，某天半
夜我無聊傳起訊息給這位聽眾。或許是覺得他住在美國，距離夠
遠，又或許是真的跟他很不熟，沒有日後相見的壓力，我自顧自
地把所有感情煩惱跟他訴說，他一邊安慰我，一邊困惑著為什麼
歐娜要跟自己聊天。憂鬱的我哪管那麼多，抱持著此生不會相見
的心情，把他當個垃圾桶，大肆抒發情緒。這偶然一聊，讓我們
聊天這件事成了習慣，我們越來越常在網路上分享生活，我也因

您好，我是紫砂歐娜

為有了他，放下上一段失敗的感情，心情撥雲見日。

　　我們從未見過彼此，比起臉，他或許更熟悉我的聲音，卻也奇蹟似地開始在意起遠方的我。聊了一陣子後，他便決定要買機票回台灣，跟我見一面，確定彼此的關係。當時我真的快嚇瘋了，跟無數網友聊天過，從來沒有被人認真看待，大家往往是聊了一陣子，沒興趣了就 fade out，再換下一個，又或是見面後，直接冷掉，再換下一個。但這位美國工程師卻異常執著，每天都主動傳訊息、打電話，甚至聯繫台灣花店，連續送了四週的鮮花給我。他的所做所為，讓我驚喜又驚嚇，這就是被追求的感覺嗎？我人生第一次體會到什麼叫被追，畢竟過去我只有走路被狗追的經驗。

歐娜：
知道你最近工作很忙，
希望這些花可以讓你聲個 12 月都開心一點，
也祝你工作事業越來越順利。

　　愛情好像靠近了，我卻避之唯恐不及，對外表極度沒自信的我，決定開始勸退他，像是告訴他我本人很胖，跟照片差非常多，甚至說服

男友送的花。

他去找別人，不要為了我回台灣，怕讓他大失所望。從他決定買機票，到真的要見面的前一天，我到最後一刻都在打預防針，希望他是詐騙集團，人沒出現或跟我借錢都 OK，只希望一切是假的，這樣我就不用面對再次失敗的戀情，以及被對方嫌棄的窘境。

記得當時是台灣 Covid19 疫情剛延燒的時候，防疫規定相當嚴格，從國外返台的國人，必須獨自隔離十四天才能出關，相信這對許多人來說已經是不小的挑戰，但他毫不在意，每天都在期待回台灣見我。由於身處狀況嚴峻的美國，為了降低意外發生的可能性，他甚至在美國時就開始不出門，長達一個月不外食，非常認真地看待返台計畫。

我與男友送的花。

後來他的座標從九千八百八十公里，變成十公里遠的防疫旅館，再到見面時，他終於站在我面前。本人其實好陌生，聲音也跟電話有

點落差，相處卻是如此熟悉，他知道我從來沒有被人告白過，認真地寫了封情書，在我面前大聲朗讀，我尷尬地摀住耳朵，一直阻止他，請他不要再講了，甚至從頭到尾看著角落放空，非常不給面子，但同時我又情不自禁地邊聽邊落淚，原來這就是被人喜歡的感覺。母胎單身二十多年，就這樣我遇到了一個很棒的人，告別了單身。

粉絲、聽眾變成另一半這種事，感覺是很多戲劇電影的題材，卻奇蹟似地在我身上發生，男友陪伴我走過離職、轉職、高潮、低谷。在我完成目標時，他為我大聲喝采，在我傷心低落時，他同理、鼓勵著我，他還是那位忠實粉絲，就跟過去幾年一樣。

除此之外，他現在也比較常聽《紫砂歐娜》，不是《馬克信箱》了。

ㄅㄅ謝謝你，我愛你！（我當然也愛馬克瑪麗！）

阿嬤的履歷卡

二十九歲才談戀愛的我，比別人晚了好多年才知道愛情的模樣。

原來生活中多一個人陪伴是這種感覺，原來我會把沒有血緣關係的人也放在重要的位置，原來有一個人他會無條件，不求回報地希望我好。為了我的健康，他鼓勵我看營養師，送我第一個料理秤，好方便飲食控制，為了讓更多聽眾喜歡我，他幫忙想主題、出意見、買設備、陪我錄音。更讓人意外的是，他非常在乎我說的每句話，每一個故事。

早在第一次見面前，他為了更了解我，當時還不是男友的這位先生決定重聽我的 Podcast，從第一集開始，不間斷地聽到最新集，幾乎比我還要更了解我。最後，還意外地幫我找到一個珍貴的禮物。

我的個人 Podcast《紫砂歐娜》播出兩年多，始終沒有特定主題，全部在分享自己的生活瑣事，無論工作、朋友、家人，只要是有趣的內容，通通會成為節目話題，公開地與聽眾分享。當時，我提到阿嬤以前是小學老師，後來成了畫家，今年已經

八十八歲，還是熱愛畫畫，每年都固定有畫作在臺陽美展展出（臺陽美術協會是台灣歷史最悠久的民間美術團體，展覽自一九三五年至今仍在舉辦）。這位先生聽了很好奇，想欣賞我阿嬤的作品，便上網搜尋了一番，赫然發現有人在露天拍賣販售民國四十六年阿嬤親筆寫下的履歷卡。

當他告訴我這個發現時，我真是不敢相信，天底下怎麼會有這麼巧的事，以及如此莫名其妙的商品。我立刻上網確認，履歷卡上的名字正確、年輕女子的照片十分神似、畢業學校也一樣，唯獨丈夫名字「邱文森」，誰啊？我阿公不叫這個名字啊！這一切又更詭異了，難道阿嬤有離過婚嗎？文森是誰？為什麼沒有聽說過這件事？我是不是無意間發現家族的祕密。我不敢跟媽媽求證，決定立刻私訊賣家，不管他是誰，無論這張履歷卡從哪裡來，身為孫女，我似乎有義務拿回這個上架四年從未售出，一張穿越時空六十幾年的履歷卡。

賣家很快就回覆我，表示他是有一次收購一批老書時，看到這張履歷卡夾在裡頭，便整理了起來，在網路上販售。商品名稱寫得言簡意賅：「文獻史料館 民國四十六年台北市國小教職員履歷卡三十九年省立台北女師普通科畢業」看起來有夠不吸引人的，卻開價五百元，在乏人問津許久後，才被我奇蹟似地遇到。賣家收款後立刻寄出，我這才打電話跟媽媽報告這件

事，媽媽再轉告給阿姨，大家都覺得太神奇了，照片中的年輕女子的確是阿嬤。我們趕緊訂了台南的飯店，約好南下探親的時間，我要親自把這個物品歸還給主人。

　　阿嬤即將滿九十歲，平常都要戴助聽器，視力也不太好，已經不是當年那位年輕、時髦的美術老師。當我慎重地把履歷卡交給她時，她一臉困惑，拿著卡片看了一眼問：「這蝦米啊？」我們叫她仔細看清楚，阿嬤這才驚訝地說：「咦！係哇嗎？兜位來欸？」看著她一臉藏不住的笑意，開始細數當年的往事，這五百塊花得真值得。

　　一張教職員工的履歷卡，當年想必是張再平凡不過的紙，隨著時間過去，它被遺忘、隨意地夾在書裡，成了一張沒人在乎的廢紙。而卡片上的年輕老師則結婚生子，變成媽媽，再晉升為我的阿嬤，經歷年華老去，看著丈夫生病住院，最後過世，早一步離開自己，一眨

阿嬤與履歷卡。

您好，我是紫砂歐娜

眼，已經是一甲子的時光。而履歷卡卻像新的一樣，完好如初地過了幾十年，夾帶著當時的記憶，重新回到阿嬤身邊，我的感動難以言喻，這一切都要感謝男友，以及把廢紙當作珍寶對待的陌生賣家。

最後，就讓我來揭曉為何履歷卡上的丈夫名字與阿公不符，原來阿公曾經改過名。出生於日治時代的他，小時候受過良好教育，就讀於臺灣大學，畢業後還在一間非常有名的企業上班，擔任經理。中年時卻有了發財夢，決定離職、自己創業，沒想到欠了一大屁股債，連累全家人，這才決定改名，想幫自己轉運。

很遺憾，運勢不但沒有隨之好轉，多年後還被我誤會阿公是第三者，真的很抱歉！

我的媽媽

　　經常有人傳訊息問我：「為什麼妳跟家人感情這麼好？看了好羨慕。」以前不覺得我們家跟別人有差別，直到長大後，才發現我們家感情真的不錯。很多不可能和父母會有的對話，不會一起做的事：玩密室逃脫、上桌遊店、幫女兒收納情趣用品（想大叫不可能嗎？這是真的），在我們家都會發生。我想這是因為家裡有一位集結幽默、吃苦耐勞、奉獻、愛的橋樑——媽媽。那媽媽為什麼會變成這樣的母親，全源自於她辛苦的童年，那些故事成就了她的個性，也影響了現在的我。

　　媽媽出生在九人大家庭，家裡除了父母、四名手足，還有守寡的奶奶和外婆。原先家境很好，住在萬華的透天厝，還請了兩個傭人，卻因為我的外公賣掉房子、投資失敗，陷入水深火熱，外公也從此潦倒、喪志，面對困境毫無作為，全家就靠外婆當老師的微薄薪水養一家九口。也因為躲債、付不出房租等關係，小時候搬家了無數次。

　　有一次因為付不出房租，房東帶人來家裡趕人：「我寧可養蚊子也不給你們住啦！」外公、外婆躲在房間假裝不在家，最後

吃得津津有味，長大後才明白，這就是她給我們的愛。

自從經營自媒體，更有經濟能力後，我決定要回饋父母，無論日常飲食、出國旅遊、3C 用品、精品，能負擔的我都盡量出。爸媽工作了一輩子，年輕時生活不如意，有了孩子後，又一切以子女為主，賺來的錢全花在家庭。我可以做的，就是讓他們花更多時間寵愛自己，過更有餘裕的生活，讓爸媽後半輩子都感到幸福。

其實這本書原本是不寫家人的，因為我在網路上看過有條評論這樣形容自己：

「不少人辭掉正職剩網紅人生，又固定要在網路刷存在感，就開始把爸爸、媽媽、弟弟、妹妹講過的話都要在限動分享，不好笑又超無聊。」

從無名時期到臉書塗鴉牆，最後經營自媒體，家人經常成為我筆下的主角，所有珍貴、感動、平凡的點滴，全為了日後回味（也真的好愛回味）。我從來不為了讓大家覺得好笑而記錄下來，又是哪來的管家婆，會連這種芝麻大小的事也要管呢？我百思不得其解，也對只是路人的爸媽感到抱歉，讓他們一起受到批評。我告訴媽媽書裡可能不會有她時，反應超無所謂，覺得她也沒什

麼故事可以寫，沒想到過幾天，又用很傷心的語氣問：「妳會不會只出這一次？結果沒有我。」這才決定要把媽媽加回書裡。

我想我還是會記錄著，不管是跟家人一起聊過的 Podcast、分享瑣事的限時動態、發過的每張合照，或此時此刻，你們手裡握著的這本書，未來一定都會成為很棒的紀念品。相信愛我的你們，一定也能理解吧！

親愛的爸媽，平常的我羞於表達，不太敢講什麼，也很久沒有抱抱你們了。現在我要把握機會說出口，我是真的真的很愛你們唷！🌙

我、爸爸、媽媽的三人合照。

我是怎麼變胖的？

　　我曾經天馬行空地想過一件事，如果世界上有讀心術，可以知道每個人見到我，腦海裡浮現的第一句話是什麼，那句話會不會是：「這個人好胖！」我想是的。

　　「肥胖」這兩個字，從好久以前就與我形影不離。

　　出生時，由於我頭太大，媽媽生產途中四度裂傷，險些難產，最後量了體重，我是重達四千公克的巨嬰。但小時候的我其實也不胖，在幼兒園裡只算是比較高挑的女孩，衣服也都拿正常尺寸，直到小學四年級左右，我因為愛上甜食、愛喝飲料、早餐家裡吃一份，到學校再一份等原因，整個人才像吹氣球一樣越來越胖。升上小學五年級，我的外型，已經可以算是小胖妹，也開始遇到身為胖子一定會發生的事，被同學取難聽綽號──「王肥雯」。記得第一次聽到的時候，我愣了一下，原來這就是被取笑的滋味，雖然感到不舒服，但食欲比情緒重要，我照樣快樂飲食，沒想過要控制體重。

　　上國中後，我住進學校宿舍，一切狀況又更糟。沒有家人約束的我，開始跟著室友們天天叫宵夜，有時點炸雞排，有時

喝珍奶，櫃子裡更存放滿滿的巧克力、餅乾，讓一群容易餓的國中女孩，隨時互相供給。每次放假回家，爸媽都覺得我好像又變胖了，卻難以插手住在宿舍，正值青春叛逆期，什麼話都聽不進去的我。

　　隨著升上國三，開始有升學壓力，我繼續用食物撫慰心靈。每天晚自習結束，不忘配個宵夜，幫自己打氣，我越吃越多，制服越穿越緊。從國一到國三，我長高十公分，發胖近三十公斤，明明才十四歲，我已經害怕學校的健康檢查，站上體重計

國中的我（中間那位）。

您好，我是紫砂歐娜

會拜託護理師不要報出來，可不可以小聲地告訴我，默默抄下來就好，卻也時常被對方寫的數字嚇到，不可能吧？真的有八十公斤嗎？很遺憾地，我是不見棺材不掉淚的人，憑藉著「小時候胖不是胖」這句不知道是哪來的話，我長大後還是胖，而且越來越胖，每一年以十公斤的速度快速增肥。

　　從小到大，身邊不是沒朋友勸過：「妳少吃點」、「該減肥了」、「是不是又變胖了？」但我總是當耳邊風，有時還會見笑轉生氣，瞬間臭臉，讓身邊的人也不好意思討論我的身材。我想成長過程，只有家人勉強能插手我的飲食，記得有一次深夜，媽媽發現我偷偷在廚房烤雞塊，氣得把整盤雞塊丟進垃圾桶，我感到羞愧又生氣，在廚房裡為了雞塊、為了貪吃的自己嚎啕大哭。雞塊事件一度讓我痛定思痛，還鼓起勇氣，去一間很有名的減重診所掛號，但醫生建議的食譜才吃沒幾天，我又再度放棄。

　　從學生時期，我就在發胖與減重之間不斷拉扯，試過各式各樣的方法：塗瘦身霜、綁保鮮膜、吃蘋果餐等，卻沒有毅力好好執行。家人甚至一度因為我會半夜爬起來偷吃東西，而把冰箱上了鎖，使出極端方式，想要控制我的食欲。但小胖子歐娜豈能被束縛？

上了高中，我正式突破一百公斤，出了社會，因作息不正常，工作壓力大，又繼續胖到人生最巔峰。走在路上，我想的不止是別人對我的初印象是不是好胖，有時還會看著路上的行人，偷偷計算我是不是這條路上最胖的人，我想是的。

以前和大家討論我是怎麼變胖的，常常講不太出原因，覺得自己就是從小慢慢胖上來，仔細回想才意會到，我在青春期的飲食有多不健康，對食物有多不滿足，變胖全是長年累積，自己親手造成的結果。肥胖讓我被貼上難以撕下的標籤，身材

體重巔峰時期 1。

體重巔峰時期 2。

比名字更容易讓人記得，我對外表失去自信，身體變得極不健康，最後也讓我在高中時期被霸凌三年，經歷地獄般的生活，成了難以癒合的傷口。

　　高中的故事，我到這一兩年才敢分享，原以為過去這麼久，我應該走出來了，卻是每說一次，心就痛一次。我其實可以跳過高中，藏住傷口，繼續分享生活趣事就好，但沒有那段經歷，或許就不會成為現在的我。

　　如果可以，真希望能永遠忘記。

109 辣妹

　　高中三年無疑是我人生最大的結痂,也是一場惡夢,許多戲劇化、不應該發生的事情,通通在當時發生了。那些記憶裡的畫面伴隨著我長大、踏入社會,始終隱藏在最深處,直到若干年後的現在,才有勇氣,一字一句把最完整的版本書寫下來。我常在想,如果當年馬上轉學,一切會不會不一樣?我還會是現在的我嗎?

　　二〇〇七年,我在一所離家很近的私立中學就讀,那間學校分為國中部、高中部、留學部,高一新生有一半從國中部直升上來,有一半是拿著基測成績報名的外校生。國中不是念同一所的我,有些怕生、也有點格格不入,沒想到開學一個月後,就因為某件事,直接躍升校園的當紅炸子雞。

　　高一的某天,有堂下課,我和坐在隔壁的男同學鬥嘴,講到最後,對方似乎有點生氣,在上課鐘響時,低聲地說了一句:「哼! 109 辣妹。」我當下有點傻住,以為自己聽錯了,109 辣妹意思是:畫著黑臉妝、腳踩數十公分厚底鞋的日本女高中生,跟我的打扮一點都不像,為什麼他要這樣叫我?接著馬上有個很不妙的想法浮現在我腦中:「他該不會在講我的體重吧?!」

那時才剛做完新生健康檢查，暑假暴飲暴食的我，體重已經攀升到驚人的 109 公斤，有這麼剛好，他猜對我的體重嗎？那如果不是猜的，這個同學又是怎麼知道的？我越想越不對，非常不安，決定直接問我一位直升上來的好朋友，她認識的人比我多很多，應該會知道發生什麼事。

　　在被我問的當下，好友欲言又止，一臉就是知道什麼，卻又不想講的模樣，最後還說這件事別知道比較好，我怎麼可能聽得進去？在我逼問下，她終於說出口：「有人在健康檢查偷看妳的體重，然後講出去了。」聽到真相的我，瞬間瞳孔地震，

高中的我（左一）。

感到天旋地轉，不敢相信這是真的。

　　我先確認是誰做了這件事，很意外地對方是一個形象非常好，老師也喜歡的男同學，除了功課還不錯，他還是升旗典禮的大隊長，是位風雲人物。但我完全不認識他，沒講過半句話，他為什麼要做這件事呢？因為很好笑嗎？我到現在還是沒有答案。接著我又問了一句：「那多少人知道？」朋友露出一個非常尷尬的表情：「好像整個年級都知道。」

　　嗯，完蛋了。

　　接下來的生活可想而知，認識我的人，在我面前不可能這樣直呼，但別班的、不認識的，私下都用 109 代稱我。我曾經看過別人的無名小站網誌寫到這個綽號，講自己班上的胖女很機車，三班的 109 比較和善（看了也是笑不出來），又或者聽到走廊上的竊竊私語。更慘的是，有一天同校的妹妹，知道我那陣子想減重，還問了我：「那妳瘦九公斤了嗎？」數字精確到我幾乎可以肯定，這數字已經傳去國中部，最後也傳遍了全校。

　　每間學校都會有的小混混學長，我的母校當然也有，膽小怕事的我，一直都跟他們保持著距離，一個都不認識。有一次，我逼不得已要去高年級樓層找老師，恰巧經過了那群學長所在的班級，就算我已經低頭保持低調，他們還是看見這顯眼的身

軀。一夥人立刻走到走廊上，開始跟在我後面，並且不斷地在身後大叫：「109！109！109！欸妳沒聽到嗎？」我嚇得整個耳朵漲紅、發熱，完全不敢回頭，我一直往前走，腳步越來越快，最後幾乎是跑起來，趕緊衝下樓。

而這個數字甚至伴隨我到高三，記得學測的前一天，班上有一個討厭我的男同學，號召其他班的學生，跑到教室門口，在外面吆喝著：「109！妳給我出來啊！快點啊！不是覺得自己很厲害嗎？」當下我正戴著耳機算數學，完全不清楚發生什麼事，拿下耳機後，才發現大事不妙。朋友們都叫我不要出去，還有人立刻跑去找班導求救，第一次遇到這種事的我，也不知道怎麼辦，只好走出去問他到底要幹嘛。詳細對話我都忘了，只記得教室外站著好多看熱鬧的人，有隔壁班的漂亮女生、有那群女生的男友，大家雖然沒出聲，但是，每個人都在笑。

照理來說，我應該要記得那個落人的同學說了什麼，畢竟他是整起事件的始作俑者，但有關他的記憶卻好模糊。反而是對圍觀的那群人，印象特別清楚，他們有人大笑、有人眼睛發光，感覺很興奮。大家唯一的共同點是過去三年，沒有一個人跟我講過話、同班過，他們不認識我，只知道我很胖，決定今天齊聚一堂，相約看笑話。後來，班導收到通知，立刻上樓，

大夥也鳥獸散，這短短幾分鐘的考前插曲，我想在場所有人都早已忘記，只有我，也一直是我，牢牢地記到現在。

　　隔天的學測，很遺憾地我心情大受影響，不管考哪個科目，都分心地想到昨天的事，甚至要不斷掐自己的手，掐到整隻手都是指甲痕，我還是無法專注，明明想打起精神應考，最後還是考砸了。只好再拚指考，又讀了半年，這才正式告別高中生活。

　　接下來十年，我選擇遺忘這個數字，擔心家人聽了會傷心，

高中時和同學的合照。

我連父母都瞞得好好的。但它所帶來的傷害卻難以形容，這幾年看到這三個數字，不管是路上的門牌、車牌、電話號碼，我都會打起冷顫，用了好長一段時間，渴望修復自己。我用十四年的時間，二〇二一年終於在 Podcast 分享了這段故事，我以為講出口、講越多次就可以療癒自己，我以為自己心智足夠強大，可以接受這不快樂的過去，笑著面對它。

　　最後還是邊錄邊哭得泣不成聲，就跟現在一樣。

歐娜悄悄話

　　分享高中生活的 Podcast 上架後，我收到了許多反饋，有許久未聯絡的同學、陌生的學姐。其中讓我印象最深刻的是一位學妹，她哥哥恰巧跟我同屆，學測前一天也有上來圍觀，學妹告訴我哥哥已經聽了這一集。我不知道自己在期待什麼，問了她：「那妳哥有說什麼嗎？」答案是沒有，但我也不在意了。高中是個幼稚的年紀，或多或少會口不擇言，我早已隨著時間流逝，放下對那些同學的怨恨。這些紀錄是我跟自己的和解，是我透過一遍遍地回想和抒發，學習釋懷。

　　補充一件幽默的事，前陣子我買房了，預售屋所剩車位不多，我想要的 B1 樓層只剩一個車位，編號又是 109，我想我人生注定就是跟這數字糾纏不清。

妹妹的一封信

　　高中的狀況,當時我是隱瞞全家人的,不曾提起,但我想當年就讀國中部的妹妹應該有所耳聞,畢竟學校不大,她還有同學的姐姐跟我同班,有極大的可能知道 109 這綽號的存在。儘管好奇,討論起這件事需要莫大勇氣,姐妹倆算是很有默契地絕口不提。很不幸,卻又有一個事件,讓妹妹不得不親眼目睹我的處境,現在想起,還是抱歉又難受。

我和妹妹。

那時候，我們是搭校車上學，但因為住得離學校不遠，我們家是到校前的最後一站，常常上車時，車裡位子已經都被學生坐滿，所剩不多。有時看到有人拿書包占位，我也不好意思請對方拿起來，擔心身材會讓他人感到擁擠。最後索性不顧安

我和妹妹、弟弟。

全，選擇站在走道上，一路站去學校，雖然只要站個五分鐘就到了，我還是成為一個醒目的存在。

學校位在半山腰，進出校園，都必須經過一個長長的山坡，每天上學，遊覽車都會吃力地爬坡，小心翼翼開上去，我搭的車也是，也從不覺得搭校車會為我生活帶來什麼不幸，畢竟平常的日子已經夠難熬了。沒想到後來我開始發現，每當司機爬坡，稍微催一下油門，坐在車上最後一排的陌生男女，就會開始哄堂大笑。起初我不以為意，不懂他們在笑什麼，後來才慢慢發現，原來被笑的對象就是我。

那群學生把校車爬坡很辛苦的事，通通怪在我身上，推斷是我的體重，讓這台車子開不上去。一台遊覽車十六噸重，校車上有四十幾個學生，路又真的很傾斜，我當然知道這件事不能全怪自己，但他們的戲謔卻越來越大聲、越來越明顯。「都她啦！」、「厚～她還不下車！」、「司機大哥加油啊！」字字句句都好刺耳，我卻只能被迫站在宛如舞台的走道上洗耳恭聽，可悲的是，比起這些，我更害怕妹妹聽到，傷害我可以，但如果她聽到而感到丟臉，那都是我的錯。

我開始假裝自己聽不到，有時背對他們放空，有時比較幸運，他們剛好在睡覺，那天就可以逃過被取笑的環節。我忍耐了好久、好久，都忘記有多久。

您好，我是紫砂歐娜

有一天，又是個被取笑的早晨，我不知道自己哪根筋不對，突然覺得受夠了，受夠被陌生同學揶揄，受夠自己的窩囊、軟弱。那天一下校車，我鼓起勇氣，好大聲地跟他們說：「你們給我站住！」那群人愣了一下，繼續嘻嘻哈哈往前走，我跟上前：「請問一下為什麼要這樣講我？我認識你們嗎？你們是誰？」他們就像被記者追問的政客，充耳不聞一直往前走，沒有人解釋，沒有人回頭看我。

但從此以後，他們再也沒有在校車上笑我了，真的好神奇。

過了一陣子，剛好是我的生日，妹妹特別手寫一封信，祝我生日快樂，信裡的內容，現在想到還是掉眼淚。

妹妹在信中寫著，她每天跟我一起搭校車，其實都有聽到我是怎麼被那些人取笑的，但她很害怕，沒有勇氣站出來，只好假裝聽不見。她很抱歉自己不曾挺身而出，沒有保護到我，最後還讓我自己一個人去反抗。內容完全不像生日賀卡，更像封道歉信，看得我好傷心。

當時我怕尷尬，並沒有跟妹妹討論卡片，也沒給她回覆，在這邊想告訴她，妳並沒有錯。那時候我們年紀都太小了，沒有人知道怎麼面對這種事，激動反應怕帶來不好的後果，軟弱又怕繼續被欺負，什麼是最好的解法呢？妳不敢講話很正常，

整台校車也沒人幫我講過話，冷漠有時不是故意，是害怕。

　　其實，我很慶幸那時候有妳，或許就是因為妳一直在我身邊，我不想再讓妹妹看到姐姐的懦弱，不想連累到妳，才決定站出來反擊。

　　妳，就是我的勇氣來源。

第一次被報警

　　從小，我就因為非主流的身材遇到很多磨難，降臨在我身上的糗事，多到不勝枚舉。高中軍訓課考匍匐前進，我爬到撐破褲襠，立刻衝去廁所縫補。大學畢旅去泰國，當地的水上摩托車司機，一看到我就推來推去，沒有人想載。接著是出社會，我不只坐爆攝影棚的高腳椅，還經常坐壞公司的辦公椅，真的很抱歉。

　　習慣丟臉成了自然，慢慢地對於人生的意外，也就越來越見怪不怪，還經常安慰自己，我那麼常自稱苦瓜，發生的事情多符合人設啊！

　　大概只有一件糗事，讓我最為難受，難受到很少提起。

　　記得多年前，一次下班，我和同事們要幫其中一位女同事慶生，壽星號稱自己做過夜店公關，千杯不醉，大夥就卯起來要她喝，想看她是不是在說大話。第一家酒吧吃飽喝足，壽星又吆喝著再去下一家續攤，過生日嘛，大家都圖個開心，紛紛答應。不料，這就是錯誤的開始，釀成了最後的悲劇。

　　我們又繼續前往第二家酒吧慶生，喝著喝著，壽星緩緩地

趴在桌上，叫也叫不醒，等我們終於叫醒她時，簡直被眼前的一幕嚇壞。趴著的她原來默默在嘔吐，抬起頭來，她整張臉、瀏海、領口滿滿都是嘔吐物，以為在用嘔吐物洗臉，且完全醉倒，一點反應都沒有，清醒一秒又趴回去。由於大家有幾分醉意，當下我們只覺得好好笑、好荒唐，我拿起手機開始拍壽星睡在髒東西裡，想說明天一定要把影片拿給她看，請她再也不要說大話。後來，考量店家快要打烊，我們又把壽星拉去外面的人行道上，讓她躺在路邊，我持續拍著誇張的景象，跟平常一樣用限時動態記錄生活，拍完後想聯繫壽星的家人，夜深了，沒人接電話，只好跟同事們坐在一旁發呆，等待壽星清醒。

　　突然，遠方傳來救護車的聲音，接著警車也來了。我們開玩笑地說著：「該不會是要來載她的吧！」沒想到還真的是。一群同樣醉醺醺的年輕女生衝出來，對著警察大叫：「就是他們！真可怕的一群人，竟然在這邊欺負喝醉的人。」

　　是的，因為我們以嘻笑的姿態面對酒醉壽星，被當成是壞人，而遭到報警。接著她們又繼續指著我破口大罵：「就是妳！死胖子！還一直拍影片笑她，妳們最好是朋友啦！」我的耳朵再次發燙，高中過往回憶通通變成跑馬燈，好熟悉的感覺，又來了，又來了，我怎麼還是老樣子，一句話都不敢回嘴。

您好，我是紫砂歐娜

同事們趕緊跟警察解釋狀況，製作人跳出來表示自己就是這位壽星的主管，不可能欺負她，只是在等她清醒後，再幫忙送回家，一切純屬烏龍一場。警察見現場無論當事人、報警的路人都喝醉了，沒多說什麼，也沒要求做筆錄，便請我們趕快陪同事去醫院。製作人搭上了救護車，我和劭中（是的他也在）則攔了一輛計程車，一同前往醫院，一路上我整個人都在恍神，腦中還是剛剛被當街大罵死胖子的一幕。

　　等我們抵達急診室，天色已經亮了，剛好那家醫院沒什麼人，醫生很快地幫壽星檢查、抽血測酒精濃度，醫院似乎也對醉漢送上門司空見慣，表示沒有大礙，只能等她酒醒了。看著壽星躺在病床上酩酊大醉，我真是悔不當初，早知道早點回家，早知道不要續攤，此刻我就不會在這裡了。

　　劭中也在我們終於聯繫上壽星家人後，開口問我一句：「妳還好嗎？」壓抑的情緒化成斗大的淚珠，整個視線都模糊了，我完全忘記自己那天回答了什麼，只記得劭中陪著我在急診室大哭好久，不知道的人，搞不好以為我們剛經歷了天災人禍。

　　發生過太多事，我已經很習慣淡忘不好的回憶，讓自己好過點。但還是有幾件事，不管過了多少年，依然放不下。後來，

我對於影片尺度的拿捏更注意了，我不再去那兩家酒吧，越來越少喝酒，更別說喝醉。

我不想再當路人眼中的死胖子，多希望當個平凡人就好。

這次我要為自己而減

　　經歷過高中那段地獄時光後，我常覺得人生最慘不過如此，不可能再遇到更糟的狀況。加上後來遇到的大學同學，出社會碰到的同事、主管都對我很友善，不會用身材去定義一個人，我對於體重也就越來越放寬心。畢竟要減到理想數字，距離已經被拉得遙不可及，遠到我只想胖胖地過一輩子。

　　自己放棄了，身邊的人卻不放棄。從小到大，親友們經常鼓勵我減重，媽媽帶我看醫生，姑姑說只要在她面前量體重，就給我十萬塊，我才不要。出社會後，同事劭中也一直插手三餐，不準我喝含糖飲料，甚至拉著我去健身房運動。當時工作特別辛苦（也或許是藉口），我沒有假日、沒有自己的時間，還要拒絕美味的食物，真的做不到。這已經是我人生唯一的救贖了，豈能捨棄？

　　在大家面前，我會盡量做個樣子，少吃點、少喝點，讓他們閉嘴。等到沒人的時候，才盡情地買宵夜、吃垃圾食物，我當然知道這樣不好，有時還氣得催吐、賞自己巴掌，怨恨我為什麼一次又一次敗給口腹之欲。久而久之，身旁的人發現勸說

對我毫無幫助，又看我生活好像滿快樂的，慢慢地也不再提起。

親友放棄了，換路人不放棄。某次上學等公車，有位鄰居阿姨主動攀談，說她親戚做了切胃手術非常成功，建議我也趕快去做。又或者一次搭高鐵，隔壁的阿伯在下車前，突然丟了一張中醫診所的名片，叫我趕快去看減重。甚至連有次鼓起勇氣去游泳，想要稍微運動一下，也同樣被路人關心身材，爺爺先是對我全身打量，接著說：「快點去泡三溫暖，妳最需要了！」是貼心還是失禮呢？我不知道，只知道後來的我再也不想去那間泳池。

總之，從家人、朋友到陌生人，大家都好關心我的體重，開口閉口就說這是為妳好，妳要聽進去，那些言語成了壓力，每個人都要我減肥，期待我變瘦，說我瘦了一定很漂亮，真的快被煩死了！

開始做自媒體後，換廠商找我減重了，先是有醫美診所問我要不要去冷凍減脂，再來是健身房找我免費運動，當見證人。但因為大多要拍 Before、After 照片，或是公布數字去比較差異，我通通拒絕了，要和大家昭告我的體重，還不如去死算了。

幸好我遇到了現任男友，他是第一個不在乎外表，單純喜歡內在，又給我滿滿鼓勵的人。從交往前就不斷幫我做心理建

設：「為了白頭到老，妳一定要健康，必須要減重。」我們有過激烈爭執，有過崩潰大哭，我常常說自己真的胖到不可能成功了，但他始終相信我做得到。同時，身體也開始發出警告，像是每次跌倒都要掰咖數個月，日漸嚴重的靜脈曲張，睡覺常常呼吸不過來等，我越來越害怕自己有一天會胖死。

　　所以，睽違多年，我決定要減重了，這次要為自己而減。

　　首先我從少喝飲料、少吃甜食開始，還報名了健身房，一個禮拜去跳幾天有氧舞蹈。但我對自己並不嚴格，依然允許手搖、外食，導致成效不是很明顯，體重掉得慢，還經常吃個大餐，把甩掉的肉又通通補回來。照理來說，身為大基數體重的人，應該一有所行動，就能立刻得到反饋，我卻沒有。每天量體重，都是一次失望。

　　這時我想起了 Email 裡的一封信，一個營養師專屬 App，在幾個月前曾經來信問我要不要和他們合作，他們有一對一的營養師服務，可天天監督三餐，確保我的飲食狀況，並提供諮詢。對當時想減重又卡關的我，其實是個大好機會，但我實在對自己太沒有自信，怕失敗被網友取笑、怕體重被人家知道、怕我做不到。我把信件點開看完後，並沒有回信。

　　有一天，和男友提起了這件事，分享我的顧慮以及不敢答

應的原因。他很傻眼地問了一句：「妳為什麼有這麼好的資源，還要拒絕？」

我一時語塞，對啊為什麼？這一生都在為體重所苦，真的好痛苦，有太多心魔導致我變成一個鴕鳥心態，不敢正視問題的人。經常有網友說羨慕我在節目中的自信，希望能像我一樣，但我真的是一個值得被學習的人嗎？大家看到的我，是真正的我嗎？

我想要讓大家認識不一樣的歐娜，也想證明自己只是懶了很久，我其實做得到，我終於回了那封信，去見了那個影響一生的營養師。

175

我是減重女神？

　　自從看完營養師，決定要認真減重後，我便調整了飲食，三餐開始自己煮，調味也變得很健康，以前愛不釋手的甜食、飲料、炸物、麻辣鍋全部都不碰了，非常專注地控制飲食。要認真做這件事，說來容易，做來難，有鑑於人生失敗過太多次，為了展現決心，我把過程同步地發在 Instagram，一連記錄好幾個月，讓更多網友監督，也想做給那些熱愛評論我外表的黑粉看。

　　有營養師帶領、親友幫忙、網友的鼓勵，我算是很順利地就讓體重掉了下來，從一週一公斤開始，我慢慢累積，肚子越變越小，僅僅不到一年的時間，我就瘦了四十公斤，最近還開始搭配重量訓練，希望能讓身體更健康，提升自信心。身為一個曾經愛吃甜食，被封為「麻糬娜」，自稱「雞蛋糕公主」的人，我想大家都很驚訝我的轉變，非常多網友傳訊息說被我激勵到，決定開始減重。以前的我大多在網路上分享生活瑣事、抱怨工作，最近卻開始講運動心得、飲食習慣，還有網友因此封我為「減重女神」，把我當楷模，真是做夢都沒想過的事。

　　這篇化為教學篇，分享我在飲食方面的小撇步，有些很實

用，有些單純是心境上的感受。希望可以幫助到也在減重路上的朋友們，更順利地達成目標。

● 基本原則

1. 固定時間吃飯，一天兩餐或三餐，嘴饞不吃零嘴點心，晚上不吃宵夜。

2. 一天喝水三千五百毫升以上，建議用體重去換算合適飲水量。

3. 用餐順序：先吃肉、菜，澱粉放最後，吃飯時繼續補充水分。

4. 每餐分量因人而異，建議洽詢營養師，我是一餐吃七份蛋白質、四份蔬菜、兩份油脂、兩份澱粉。

5. 減少外食，大多自己煮，自己煮飯最好拿捏會不會過油、過鹹。

6. 飢餓時告訴自己，現在的餓都是以前太飽換來的。

● 能喝什麼？

　　水、無糖豆漿、無糖茶，含糖飲料不碰，酒戒了吧，零卡可樂也不能喝。

● 盡量少吃的食物

　　甜食、炸物、水果、乳製品、加工品（火鍋料、熱狗、香腸）、勾芡等。

您好，我是紫砂歐娜

⬤ 外食怎麼吃？

1. 小火鍋：選清淡湯底，例如：昆布，主食選海鮮或雞腿，菜盤記得換掉火鍋料，醬料則是選醋＋蔥花，不沾沙茶、腐乳。

2. 便利商店：在這裡有太多適合減重的食物，舉凡豆漿、水煮蛋、雞胸肉、地瓜、豆腐、沙拉，絕對是忙碌上班族的好朋友。

3. 日式料理：料理方式最清淡，如果要慶生、聚餐，我大多選日式，盡量吃烤物、魚，若有握壽司，飯吃少點。

4. 滷味：蔬菜、肉類選擇非常多，請店家醬料少加點，就是很棒的一餐。

⬤ 飲控吃得好膩怎麼辦？

我都會盡量變換菜色及料理方式，水煮餐很容易吃膩，可以試著換炒、烤、蒸等，讓飲控更多采多姿，再不然就是去買現成的沙拉、輕食、健康餐等，讓自己偶爾方便點，比較不會半途而廢。

⬤ 目標設定

每天記錄體重，但不追求每天都要變瘦，只要一週內瘦一點，就算是進步！數字停滯了也不要灰心，讓身體休息幾天，

再繼續努力。

為了讓減重更有動力，幫自己設定獎勵，我是設定每瘦十公斤可以買一次精品包鼓勵自己，最後買了好幾個夢幻禮物，感到很幸福。

買一些穿不下但又不便宜的衣服、褲子當作目標，有天穿上了真是特別有成就感，總算沒有浪費錢。我每次去美國找男友，都會買一件明顯穿不了的牛仔褲當下一階段的目標。

● 其他

告知身邊所有親友，自己正在飲食控制，希望大家體諒，減少外食及酒局。

外食一樣帶著水壺，食物太辣、太鹹，都不可點飲料，只能喝自己的水。

需要來杯手搖療癒自己時，請減少該餐澱粉，不可以什麼都想要、都想吃。有人問過我到底是做了什麼才瘦下來的，答案是很多事都不要做。

單純靠飲食，也是可以瘦的，不需依賴藥物、手術，請相信自己做得到。

歡迎來信分享你的減重心得，我們可以互相打氣，成為彼此助力！🍃

 歐娜悄悄話

　　這一年的減重之旅，有很多網友看著我每天的紀錄，進而被激勵也開始行動。我收過各式各樣的訊息，有人想知道卡關了怎麼辦、有人問飲食的注意事項，因為胖過所以感同身受，我總是回覆一大串，希望能助對方一臂之力。前陣子我好奇地詢問大家，有沒有人今年因為我的關係開始減重，又瘦了幾公斤，我收到四百六十七位網友的回覆，也仔細地將大家的成果加總起來，計算出的答案是：三千三百二十五公斤。身為一個讓紫砂戰隊（我的粉絲綽號）在一年內甩掉三噸的女子，我被封為「減重女神」應該當之無愧吧！

胖鴕鳥成長史

　　說真的，我沒想過自己有一天會踏入健身房，現在每週找教練上課，衣櫃有無數瑜珈褲、運動衣，都是過去二十幾年來始料未及的。

　　畢竟我一直都是運動邊緣人，我恨死運動了。

　　從國小就開始發胖的我，由於被身材限制，任何運動項目都不擅長，所有球類、田徑、每一個需要動起來的，我通通排名倒數，沒一個做得好。儘管如此，我還是努力參與，老師也都睜一隻眼閉一隻眼地打分數，不太為難人。舉凡小一考踢毽子、國一考排球，就算我毽子只能踢兩下，沒有下場打過球，總是能順利過關。唯獨有個項目是怎麼躲都躲不掉，那就是體適能。

　　教育部頒發的體適能測驗，關注每個學童的體能，一路從國小測到大學，內容包含測量體重、坐姿體前彎、一分鐘屈膝仰臥起坐、立定跳遠、八百及一千六百公尺跑走。每個項目對我而言都是難題，跑八百更是從小到大的惡夢！我的人生座右銘是「能走不要跑、能坐不要站」。平常幾乎不讓自己腳步快

起來，又怎能不停歇地跑八百公尺呢？

　　記得第一次測驗時是小學，我就讀的學校，從幼兒園涵蓋到高中部，校園非常大，校門在馬路邊，教室位於山上。那時體育老師不知哪來的 idea，規定大家跑八百時不要跑操場，而是繞整個校園跑一圈，從山下跑到山上。在跑道上奔馳已經是我最大極限，現在變成跑上坡，這……我做不到啊。我在小小年紀，第一次感受到什麼是失眠，每個學期只要到考八百的月份，我就難以入睡，到了測驗當天，更是噁心反胃。跑步的當下，我都在腦海中幻想自己是奧運運動員紀政，我是飛躍的羚羊，有時還會趁四下無人時，閉上眼睛往前衝，讓自己更投入角色，結果還是全班最慢。

　　別人幾分鐘內能解決的事，我都跑好久好久，久到想說是不是已經下課了？大家都去哪了？在跑步的這條路上，我總是好孤獨。長大後，慢跑、馬拉松越來越流行，身邊好多人都參加過，我到現在還不明白這件事的樂趣在哪，每次跑起來，我只想吐。

　　此外，在其他運動上，我也一直是個邊緣人。以前體育課常分隊玩躲避球，老師會派出兩個體育最好的同學擔任隊長，

再由他們一個一個選自己那隊要找誰，挑到最後，我常是全班最後一位被選到的人。有時學校運動會要比大隊接力，身為跑道上的烏龜，我也從沒被派去參加，只有一次老師規定每個同學都要參與，我才硬著頭皮跑兩百公尺，速度真的太慢了，一直被其他班大超車，實在是很抱歉。

好不容易升上大一，這一年特別重要，終於迎來人生最後一次體適能測驗，這次考完，以後再也不用考了。哪怕跑得氣喘呼呼，我幾乎是笑著跑完最後幾步路，要解脫了！要解脫了！再見身高一百七十五公分卻只能跳遠一百一十五公分的自己，再見筋好硬，坐姿體前彎手指頭摸不到十五公分的自己，再見了紀政，謝謝您給我的力量！

結果我因為太常點名未到，導致體育課被當，大四那年又重新測一次。

從小到大，我一直好不擅長運動，就算從父母到朋友，每個人都鼓勵我應該要去運動，我還是非常消極。說到底，我就是害怕路人的目光，不想承受竊竊私語、指指點點，另外我也擔心過重的身體撐不住，卻沒想過要怎麼改善。因為做不好，乾脆不要做，我一點都沒有大家想像的樂觀、積極，在成長的過程中，我一直有著鴕鳥心態，還是隻胖鴕鳥呢！

我在我的鴕鳥園安逸許久，直到三十歲那年，才下定決心減重，我開始飲食控制，花了一段時間將體重慢慢減下來。大概瘦下二十多公斤後，我因擔心皮會日漸鬆垮，才跟著家人一起報名健身房，買了教練課。以前的我，在路上被健身房業務推銷，都會閃得遠遠的，聽朋友們討論最近在上拳擊、舞蹈課，也總是放空，不想讓這些字句進入耳裡。如今，我已經是朋友中最常去健身房的人，前陣子還主動建議要早起爬山，我到底是誰啊？

　　不過，我沒有變成運動健將，體能還是挺差的。很多網友

勇敢踏入健身房 1。

勇敢踏入健身房 2。

常問我:「歐娜,妳是怎麼開始喜歡運動的?」我一點都不喜歡啊!我很討厭運動。今天教練也問我:「妳看起來怎麼心情不太好?」我的心情有好過嗎?我每次想到要重訓,就是這個苦瓜臉。

有一次我太早起床去上課,做了很多有氧、肌力訓練,把自己操得半死,下課後,我感到非常不適,撐著身體勉強地走路回家。其實家離健身房不到三百公尺,但體力不好的我,還是無法控制地站在路邊,一口氣把剛吃的早餐全部吐出來(溫馨提醒:飲食後請不要劇烈運動)。

我想我還是那個我,但已經踏出了鴕鳥園。

減重後的小確幸

　　從九歲起就沒瘦過的我，如今減了四十公斤，生活到底有什麼變化呢？身邊的人大多圍繞著外在發問：「現在是不是更多衣服可以穿了？」、「長得越來越像妳媽」、「男友還認得出來嗎？」、「保養品更省了吧！」我原本以為自己會為了臉變小而快樂，沒想到大部分的感動全來自生活瑣事的改變。

　　首先，就是「搭電梯」這件事了，一個胖子們從小到大的夢魘。由於限重警鈴的存在，為人生無形中增加不少壓力，每次要當最後一個進電梯的人，我都戒慎恐懼，和一隻鬼搭電梯或是和滿滿的民眾搭電梯，我想我會選擇與鬼同行。既擔心龐大的身軀帶給路人壓迫、造成困擾，更害怕進去後警鈴大響，無情的配音喊著：「超重！超重！」最悲傷的是，有時，明明不是最後一個進去的民眾，周遭路人的眼神也會往這看過來，彷彿我是一切的罪魁禍首，其實也是事實啦！

　　因此一直以來，只要電梯門打開，看見裡頭人滿為患，感覺不樂觀，我都立刻卻步。有時拿起手機假裝講電話，搖搖手示意我不搭了，有時對著空氣搖頭轉身離開，假裝想起來有東

西沒拿，為了避免超重的可能，我經常在電梯門前上演獨角戲，這一生至少演過五百次。每一位看見擁擠電梯還願意擠擠看的朋友，你們都是最勇敢的人。

　　說到電梯，還有個心酸故事，記得有一年颱風豪雨來襲，社區嚴重淹水，導致電梯故障，當我下班開回地下停車場（颱風天也要上班的苦瓜女子），看到三台電梯都不能搭時，簡直晴天霹靂，天要亡我嗎？先是在內心哀嚎，接著鼓起勇氣從地下四樓開始一路往上爬，我家位在不低的樓層，由於體型巨人，心肺功能差勁，我每走一步路都覺得氣喘快發作，是不是要昏厥了？十幾樓的高度，讓我坐在樓梯間休息無數次，好幾次都想放棄，打算睡在樓梯間一晚（和柯以柔的前夫一樣）。那次換我內心警鈴大響，肥胖帶來的困擾何其多？對別人而言很簡單的事，我執行起來感覺快死掉。

　　除此之外，捷運也經常成為我的恐懼來源，由於家住太遠，我總在終點站上車，基本上都有位子坐，常常要搭幾站，才會整個車廂坐滿人。卻經常發生每個位置都有人坐，就我身旁那個座位遲遲空著，我想這都是因為大家怕坐在我旁邊，覺得太擠吧！為此有好多年我搭捷運，屁股都只坐一半，習慣讓半邊的屁股肉懸空，換取旁人更大的空間，而這招也真的很有用，

您好，我是紫砂歐娜

越來越多人願意坐我旁邊。

煩惱還沒完呢！除了要緊張旁邊沒人坐，讓自己顯得很突兀，我還很害怕被路人當孕婦讓位，其實胖子和孕婦真的不好分，不少洋裝對於大肚腩的我，都是孕味十足。第一次被讓位是在學生時期，有好心路人問我：「小姐，妳要不要坐這邊？」當下實在太錯愕了，我根本不敢說自己沒懷

穿洋裝好像孕婦。

孕，怕把場面搞得更尷尬，只能微笑搖頭表示不需要，我是個堅強的孕婦。

長大後，身材持續吹氣球，我不斷遇到要被讓座的窘境，只要發現附近的路人疑似在看我，疑似準備站起來，感覺要走過來讓位給我，我都會立刻逃之夭夭，讓他沒有開口的機會，只差沒用力敲肚子證明自己我只是胖！這是脂肪不是嬰兒！

減重後，我的快樂全部來自以上事項的改變。現在等電梯，我不再左顧右盼、預估人數，也不用拜託家人讓我先進去，我

終於放下壓力，學習怡然自得地搭電梯，我想這算是一大長進。坐捷運時，我也慢慢地瘦到可以讓身體不超過椅子邊界、不干擾他人，我甚至因為不習慣現在臀部的大小，好幾次又想坐一半，差點一屁股摔在地板上。此外，以前我絕對不選一長排的位子，覺得十幾個人肩並肩地坐在一起，實在太擁擠了。如今，我敢坐那種位子了，就連整個屁股坐到底也沒問題，真是不敢相信！

最後來分享最重要的好處，我更健康了。透過定期抽血檢查、回診追蹤，目前各項身體數據開始慢慢地往正常人邁進，無論 BMI、體脂、血糖，種種數字都逐漸下降。過去的健康報告總是滿江紅，醫生會緊皺眉頭告誡我：「妳一定要減肥！不然很可怕！」如今卻能看見醫生的笑顏，偶爾還能收到他的讚美。此外，學生時期的我，我光是隔天要做健康檢查就會失眠一夜，現在踏進診間卻絲毫不感到恐懼，我想我已經在正確的方向前進。這就是我減重後的小確幸！

環球影城圓夢計畫

　　分享太多可憐事，我怕大家越看越悲傷，該說點比較正能量的故事。

　　二〇一四年，我剛加入《康熙來了》製作組沒多久，便得知員工旅遊即將到來。身為新人，跟同事不熟、年資太低不能補助、又要去高消費的日本大阪，照理來說，應該沒有新鮮人想去，但同事們紛紛說服：「一起去啊！不要耍孤僻啦！」擔心不夠融入群體，我還是報名了。

　　那次的旅行從京都玩到大阪，其中一天的行程，安排了日本環球影城，當時環球影城才開三年，「哈利波特魔法世界園區」更是剛開幕不到三個月。我從小就熱愛《哈利波特》，一直幻想著十一歲那年，會等到海格接我去霍格華滋上學，身為哈波迷，自然對這個行程興奮不已。

日本環球影城之旅。

當天遊樂園都還沒開，遊客已人滿為患，大家擠在門口摩拳擦掌，等著大門一開，要立刻跑步衝去哈利波特園區，搶玩當時最熱門的「哈利波特禁忌之旅」。它是個讓人們坐上雲霄飛車，透過 3D 畫面、4D 效果，模擬乘坐飛天掃帚的遊樂設施。

我從小跑步就慢，深怕成為同事間的拖油瓶，當人群開始起跑時，我直接腎上腺數飆升，不顧一切往前衝，奮力跟上大家的腳步，成為第一批跑到園區的民眾。我們一群人帶著興奮的心情，浩浩蕩蕩地走到禁忌之旅，等不及要進入霍格華茲的世界。

不料，我卻單獨被一位日本的工作人員小姐姐攔住了。她看著我，露出苦惱又尷尬的表情，用日文講了一句話，我不懂日文，用英文回應她：「What's wrong ？」她便拉著我到旁邊的模擬設施，示意我坐上去。頓時我明白了，她在擔心我胖到坐不了這個雲霄飛車，要我測試看看！我其實不想在大庭廣眾面前試這件事，卻也來不及逃走了。我硬著頭皮試坐，紅燈亮起，安全桿確定無法壓到最底，日本小姐姐很有禮貌地鞠躬道歉，比著叉叉說：「打咩捏～」美好且期待已久的一天，瞬間變成一坨大便。

被告知不能的玩的那一刻，身旁有剛認識沒多久的同事，以及非常多遊客，我真是羞愧到無地自容，連開玩笑圓場的勇

191

氣都沒有。只好立刻請同事進去玩吧！別等我了，我會自己看著辦，找地方等大家。

　　當年為了省錢，我們一群人合資買網路分享器，分享器都放在同事身上，我拿著沒有網路的手機非常無助，怕生的我不敢一個人去玩別的設施，也沒心情逛周邊商品，滿腦子都想著天啊怎麼可以這麼糗？我盲目地到處亂走，冬天的大阪好冷，我被冷風吹到臉都凍僵、身體發抖，只好走進女廁坐在裡面，等了一個多小時，才終於跟玩完遊樂設施的同事們會合。

　　大家為了安慰沒玩到的我，紛紛說著禁忌之旅一點都不好玩，出來有夠暈的，沒玩到是好事。我感謝著大家的貼心，卻也忘不了那天的我就是《哈利波特》中的角色「愛哭鬼麥朵」，我是一個住在廁所裡的女鬼。更慘的是，下午到另一個設施，又要實測每個人能不能玩，這次我直接放棄，連試坐都不試坐，我再度去女廁待著等候大家。

　　大阪環球影城發生的事，成了我心中永遠的祕密，之後幾年，劭中不止一次問過要不要在節目中分享，我都打死拒絕，多想把環球影城的吃鱉帶進棺材裡。

　　九年過去，我交了男友，打算趁工作閒暇之餘，飛去美國找他玩。同樣很愛《哈利波特》的他，便提議去奧蘭多的環球

影城，那裡不只有哈利波特禁忌之旅，還有試營運的最新設施「海格的奇獸摩托車冒險」，比其他設施刺激更多倍！聽到男友提議的我，腦中閃過的第一句話就是：「我不要。」多年前被擋在門外的尷尬可沒忘記，更不想重現一次。

美國環球影城。

我鼓起勇氣，我第一次把這個故事告訴男友，表達了自己的不安。男友聽完立刻安慰我：「美國很多大尺碼的人，應該沒問題啦！而且如果妳真的不能坐，我們就不要玩啊！妳不坐，我也不想玩了。」並且一邊查詢著奧蘭多環球是否有大尺碼人士分享過搭乘經驗，可惜找不到什麼資料。

　　就這樣，我帶著一顆惶恐的心飛到美國，再從男友所在的西雅圖，一起飛去奧蘭多。我們從迪士尼一路玩到環球，夢幻的迪士尼世界讓我暫時忘卻焦慮，每天都快樂得不得了，直到踏進環球影城，走進哈利波特園區，我又開始緊張了！這次會不會惡夢重演呢？我決定把禁忌之旅排最後一站，先玩了一輪其他設施（海格摩托車真的超好玩！）、逛完周邊商店、在三根掃帚吃了午餐、坐過霍格華茲火車後，這才走到禁忌之旅的入口處。果不其然，不分國家，這裡再度出現模擬設施，也是我當天第一個看到的測試器材。

　　美國的模擬設施和日本沒有什麼差異，一樣是坐上去、壓下安全桿，看亮紅燈還是綠燈，差別只在於位置較為隱密，身旁沒有工作人員，也不會有排隊的遊客圍觀。在男友的打氣下，我帶著五味雜陳的心情坐上去，好緊張、好害怕，只能想著失敗就算了，至少已經玩很多天，也算是不虛此行。

　　綠燈亮起！

我等了九年，橫跨半個地球，這次奇蹟似地成功了！這股喜悅、感動難以言喻，對大家再平常不過的一件事，是我後來努力瘦身幾十公斤，得到身旁男友支持，才有勇氣挑戰並換來的。我故作鎮定走進了禁忌之旅的大門，內心卻是狂喜不已，真的太不容易了。

　　我坐上設施，圓了多年的夢。原來，「哈利波特禁忌之旅」明明就很好玩！

歐娜悄悄話

　　身為一個去過奧蘭多迪士尼四大園區、環球影城兩個園區、鄉下遊樂園的人，只能說美國是個非常友善大尺碼、身障人士的國家，無論哪種遊樂器材，幾乎都有安排特殊座位給需要的人。且工作人員都很親切，被阻撓的機率極低，遊樂設施的安全帶更是彈性大到覺得在開玩笑。若你曾在大阪環球遇到跟我一樣的遭遇，快點飛去美國吧！那裡是胖子的天堂！

您好，我是紫砂歐娜

最希望我成為作家的人

　　你們小時候的志願是什麼呢？自從有記憶以來，我的志願就是當「百貨公司的電梯小姐」。以前，百貨公司服務至上，每台電梯都配有一位身穿制服、戴著手套、笑容可掬的電梯小姐，她們會詢問每位客人要搭去哪層樓，電梯門開啟時，再站出去溫柔地喊著：「電梯上樓！電梯上樓！這邊請。」

　　每到週末，爸媽經常帶著全家人逛百貨公司，友善的電梯小姐讓我印象特別好，漂亮的蕾絲手套也深得我心，加上這工作只要按個按鈕，感覺不是很累，讓我特別嚮往這個職業。幸好，升上小學後，我又換了個志願，不然現在哪裡還有電梯小姐呢？

　　小學二年級時，有一天，我突然迷上了閱讀，每天都去圖書館借大量的課外讀物，《哈利波特》、《紅樓夢》、《乞丐囝仔》、《格林童話》、愛情小說，我不分種類，什麼都看。上課看、下課看，到了午休時間，就把小說放在大腿上，額頭靠著桌沿繼續看，一頭栽進故事世界。放學回家，再速速寫完作業，只為了多看幾章《哈利波特》，就連半夜，我也躲在棉

被裡看書，導致早早就近視。小小年紀已成為四眼田雞的我，照理來說，家長知道應該不會太高興，但爸媽卻非常支持我閱讀，只要有去書店，無論我拿多少本請爸爸幫忙買，他都立刻結帳，一點也不在意女兒花太多時間在課外讀物上。

　　十四歲時，有一個專門記錄美國連續殺人魔的書在台灣上市，內容驚悚又血腥，一下子就衝到每家書店的排行榜冠軍，讓我好奇不已，卻因該書被設定為限制級，根本無緣欣賞。這時我把歪腦筋動到爸爸頭上，我小心翼翼地把那本書遞給他，

我和爸爸。

問著可不可以買？爸爸火眼金睛，立刻發現上面貼著大大的「限制級」貼紙，想要拒絕。我使出最認真的撒嬌功夫，站在書架旁拜託他，再三保證自己心智成熟，認識幾位殺人魔絕對沒問題！他這才勉為其難地同意，叮嚀著如果太恐怖就別看了。記得當時店員似乎發現不對勁，還提醒我們：「這十八歲以上才可以看喔！」爸爸則很配合地說：「嗯，這我要看的。」我想這也是種父愛的表現（是嗎？）。

總之，只要去百貨公司，我和爸爸就是永遠的書店夥伴，父女倆精通台中每一家百貨的書局位在幾樓，開了哪家書店，中友是誠品、新光三越是法雅客、廣三 SOGO 是紀伊國屋，這種不重要、根本不需要背起來的小資訊，我記了十幾年。

愛上閱讀，讓我的寫作功力逐漸提升，老師開始派我參加大大小小的作文比賽，偶爾的名次，也讓我難得在課業上有了自信，思考著自己會不會是作家的料。我的志願，就這樣從電梯小姐變成了作家，天真的我甚至立刻回家跟媽媽報告了此事，告訴她我已經想好出版社要找哪家了，以後就找他們出書！

上了國中，我更是沉迷在晚自習寫小說，天馬行空地編織各種愛情故事，有一次還被班導抓到，她拿著我的筆記本，傻

眼地問：「可不可以先念考試的東西，再寫妳的 love story（我當時取的故事名）。」糗得我只想紫砂。

隨著年紀增長，不知道哪一年以後，我就慢慢放掉這個夢想，一方面是發現人外有人，天外有天，我的文筆似乎停滯了，一方面也意會到自己只是個路人，根本不會有人想找我出書。我的志願再次改變，從作家變成穩定的上班族，我也如願實現，當了平凡的上班族七年。

後來的發展，大家都很清楚，我成為電視幕後工作者，幫許多談話節目寫腳本，經常打稿子打到三更。由於一樣也是開 word 檔打字，寫著每個人的故事，雖然腳本只有同事和該集藝人看得到，大概十個人吧！我還是覺得自己圓了半個夢，這是份很像作家的工作，有印出來、釘起來呢！

又過了好幾年，我離開幕後，開始做 Podcast，有一天突然有出版社寄了封信，說我在節目中聊過很多故事，有沒有興趣把人生的經歷寫成書。那絕對是我有史以來回覆得最緊張、最小心翼翼的邀約，深怕一怠慢，會跟這個機會失之交臂，畢竟等了二十幾年，我終於能滿足當年小學生歐娜的期待。

當合約簽好，準備進行寫書時，我第一個想告訴的對象就

是爸爸，他多麼清楚我的小小夢想，畢竟多年來只要我開口，他什麼書都買給我，從不拒絕。並始終當女兒的後盾，從我的第一份低薪工作，他就不定時轉帳、塞錢，怕我在台北過不下去，也不曾對我做的每個決定有意見，感覺我今天想做什麼，他都無所謂。唯獨在我報告或許有機會出書的那一刻，他用最炙熱的眼神看著我：「好棒啊！妳一定要寫！」

　　我想，爸爸絕對是全世界最希望我成為作家的人，我做到了。

我、爸爸、媽媽的三人合照。

後記

二〇二二年六月，出版社的行銷經理邠如寄了封信問我想不想出書，當時我剛到美國找男友，準備要待兩個月，她說如果有興趣的話，回台可以碰面聊聊。

我非常興奮，腦中已經浮現自己出席簽書會的畫面，卻馬上被現實打醒：「可是我能寫什麼？」我沒有厲害的成就、聳動的故事，我是個超普通的人，正準備幫男友搬家（收信當下可能在裝箱電鍋）有人想看嗎？大家買單嗎？我其實很猶豫。從小到大，我就是個被動、害怕挑戰的人，大學念輕鬆的科系就算它比較沒發展性，錄影時提議簡單的主題，因為我真的怕累。寫書感覺是個艱難又長遠的任務，無數次我都想打退堂鼓，咚！咚！咚！我還是待在舒適圈好了。

幸好身邊有非常多人鼓勵著，始終支持我做任何事的爸媽，自然是舉雙手同意，說我一定會寫得非常好，男友也是一大幫手，開始想主題、給建議。最終，我答應了出版社的邀約，編輯玉佳再三跟我保證沒寫完沒關係，最後沒出也不會罰錢之後，我才上網訂了一台筆電。

　　寫書的這十個月，有些主題信手拈來，洋洋灑灑地一下就寫了好多篇。有些主題就像是挖開自己的內心，最不堪、最深處，我常常邊寫邊哭，寫完回頭檢查錯字時，又淚崩一次，簡直就是水做的姑娘。我從來沒有寫日記的習慣，一方面懶惰，一方面怕被人看到很糗，沒想到這本書竟成了一本日記，真實地記錄我每一刻的心情，謝謝你們收費觀看哈哈哈哈。

　　我的過去不算最苦，畢竟很多人的生活更水深火熱，我

的現在也不是最甜，還有很多美中不足。我就跟一開始預料的一樣，是個超普通的人，講著瑣碎的故事，分享經歷這些事情後的喜悅，希望每位看到這裡的朋友，都可以從中得到一點點力量。那如果你只是打發時間，當笑話大全看，也是沒問題的唷！謝謝你。

　　我從來都不是會列人生清單的那種人，害怕自己最後什麼也沒做到。三十歲後的我，決定換個方式，想逼自己完成一些目標，所以我昭告天下，請網友們來監督。大概寫到第十篇時，我便告訴大家最近在寫書了，從此每次直播都有人留言問：「書的進度到哪？快寫完了嗎？什麼時候出？」我感覺自己一夕間多了上百位編輯在催稿，這本作品能順利誕生也要感謝這些人。
　　寫書的過程孤獨又漫長，漫長到我不敢保證未來還敢不

敢再寫，或許從此封筆。

　　請各位且看且珍惜，麻煩一人買三本，一本珍藏、一本自己翻到爛、一本送給你愛的人。「當作家」這一行字終於可以打上勾勾了，我的下一個目標又是什麼呢？

　　沒有啦！我還是沒有列人生清單。

瘦了四十五公斤的現在。

心靈漫步
從苦瓜熬成哈密瓜：歡迎收聽紫砂歐娜

2024年1月初版　　　　　　　　　　　　　　　　定價：新臺幣390元
2024年2月初版三刷
有著作權・翻印必究
Printed in Taiwan.

著　　者	歐	娜
叢書編輯	連　玉	佳
校　　對	胡　君	安
內文排版	Ivy Design	
封面設計	鄭　婷	之

出　版　者	聯經出版事業股份有限公司	副總編輯　陳　逸　華
地　　　址	新北市汐止區大同路一段369號1樓	總編輯　涂　豐　恩
叢書編輯電話	（02）86925588轉5315	總經理　陳　芝　宇
台北聯經書房	台北市新生南路三段94號	社　長　羅　國　俊
電　　　話	（02）23620308	發行人　林　載　爵
郵政劃撥帳戶	第0100559-3號	
郵撥電話	（02）23620308	
印　刷　者	文聯彩色製版印刷有限公司	
總　經　銷	聯合發行股份有限公司	
發　行　所	新北市新店區寶橋路235巷6弄6號2樓	
電　　　話	（02）29178022	

行政院新聞局出版事業登記證局版臺業字第0130號

本書如有缺頁，破損，倒裝請寄回台北聯經書房更換。　　ISBN　978-957-08-7210-1 (平裝)
聯經網址：www.linkingbooks.com.tw
電子信箱：linking@udngroup.com

國家圖書館出版品預行編目資料

從苦瓜熬成哈密瓜：歡迎收聽紫砂歐娜/歐娜著 . 初版 .
新北市 . 聯經 . 2024年1月 . 208面 . 14.8×21公分（心靈漫步）
ISBN　978-957-08-7210-1（平裝）
〔2024年2月初版三刷〕

1.CST：紫砂歐娜　2.CST：自傳

783.3886　　　　　　　　　　　　　　　　112019856